ふるさと再発見の旅 東海 北陸

清永安雄 撮影

産業編集センター

ふるさと再発見の旅　東海北陸

ふるさと再発見の旅　東海北陸　目次

静岡

愛知

岐阜

福井

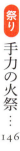

石川

富山

静岡

川根本町
ととすけ
静岡市
清水次郎長生家
湯ヶ島
小國神社
焼津市花沢
掛川城
・二の丸御殿
田子
・ゆりの木通り商店街
岩科南側

川根本町《かわねほんちょう》（榛原《はいばら》郡川根本町）

空に向かって弧を描くように広がる「天空の茶畑」

川根本町は大井川の上流にある、全域の九十%以上が森林という町である。宇治茶、狭山茶と並んで日本三大銘茶の一つとして知られる「川根茶」のふるさと。町じゅうの至る所に茶園が広がっていて、農業生産額のほとんどを生茶と紅茶が占めている。

川根茶は日本茶業界で初の天皇杯を受賞したのをはじめ、品評会などで幾多の栄誉に輝いてきた。全国の日本茶販売店では常に別格視され、高級茶として扱われている。深い山々に囲まれた川根本町の茶畑は日照時間が短いためお茶の渋みが抑えられ、大井川から立ち上る川霧が茶の樹を優しく覆って新芽を包み守り、良質の茶を育むといわれている。銘茶を育てるために最適な自然環境が揃っているのだ。

製茶された川根茶の茶葉は針のように細くて輝いている。これを急須で淹れると、金色がかった透明のお茶になる。香りは爽やかでやや渋みがあり、まろやかな甘みと濃い旨みが口いっぱいに広がる。お茶の味には門外漢の筆者でも、なるほどこのお茶確かに美味しい、と納得する深い味わいだ。

聞くところによると、川根の里の小中学校には最近まで「お茶休み」という年中行事があったという。新茶の茶摘み期に、農家だけでなく地域の人々が、老いも若きも子供までも総出で応援する。まさに地域ぐるみで茶づくりに取り組んできた町なのだ。

さて、見渡せば至る所に整然とした茶畑が見られる川根本町だが、もっとも目を奪われる特徴的な風景は「天空の茶畑」と呼ばれる高い尾根に広がる茶畑である。我々が最初に訪れたのは、町の中でもひときわ高い標高六百メートルの場所にある尾呂久保地区。ここの茶園は、急斜面の厳しい立地を生かした茶畑が住居を取り囲むようにぐるりと広がり、まるで空に浮かぶ茶畑のように見える。

次に訪れたのは、大井川の支流・境川の上流域に位置する下長尾・久保尾地区。クネクネと曲がりくねった山道を延々と登っていくと、突然、目の前に素晴らしい景色が開けて驚かされる。天に向かって弧を描くように茶畑が広がり、そこに埋まるように農家の屋根がポツポツと点在する風景は、思わず見惚れてしまうほどに美しい。

川根本町では、茶畑のことをチャバラ（茶原）と呼ぶ。大井川鉄道沿線に連なるチャバラは、深く濃い山々の緑の中でも際立つ綺麗な緑色で、遮るもののない青空の下、太陽の光を満面に浴びてキラキラと光り輝いている。まさに絶景。これを見ていると、改めて、茶畑は日本が世界に誇るべき眺望の一つだと思う。

太陽を浴びてキラキラと光る茶畑

茶畑に埋まるように農家の屋根がポツポツと点在する

茶畑によく見られる背の高い扇風機のようなものは、茶の新芽を霜害から守るために高いところから風を当てる「防霜ファン」といわれるもの

フォーレなかかわね茶茗館
住所：榛原郡川根本町水川71-1
電話：0547-56-2100
開館時間：10:00～16:30
定休：水曜日、祝日の翌日、年末年始
料金：無料

おすすめランチ

●とろろごはん茶そばセット

川根本町の名産である茶そばととろろ汁ごはん、両方を同時に楽しめるうれしい定食。とろろ汁で蕎麦を食べるとろろ茶そばセットも人気だ。他にも大根らあめん、川根ジビエ餃子など、地元川根の特産を使ったメニューが多い。

「和彩食堂あけぼの」
川根本町上長尾842-4

祭

徳山の盆踊
（とくやまのぼんおどり）

国の重要無形民俗文化財に指定されている徳山の盆踊。「風流踊」の一つとしてユネスコ無形文化遺産にも指定された。

八月のお盆の時期に行われることから地元では「盆踊」として伝承されている。祭りは「鹿ん舞」「ヒーヤイ」「狂言」の三つから成る。「鹿ん舞」は鹿頭をつけた牡鹿と牝鹿、ひょっとこが軽快なお囃子にあわせて飛び跳ねるように踊る。「ヒーヤイ」は浴衣姿の娘たちによる小歌踊り。これらは、古歌舞伎踊りの初期の仕組みを伝承するもので、しかも動物仮装などの独特の風流が加えられ、希少で重要な芸能だと考えられている。

開催時期 毎年8月15日
開催場所 川根本町徳山浅間神社
写真提供：川根本町まちづくり観光協会

ノスタルジック商店街

ゆりの木通り商店街（浜松市中区）

コミュニティと手作りの力で活気を取り戻す

ＪＲ浜松駅から徒歩約十分。遠州鉄道の第一通り駅から徒歩約五分。ゆるやかな上り坂を抱くゆりの木通りは、江戸時代から続く歴史ある商店街だ。通りは、かつて浜松城の堀のあった道。名前の由来であるゆりの木が通り沿いに立ち並ぶ、ゆったりとした雰囲気の商店街だ。全国の他の商店街の例に漏れず空き店舗が課題でもあるが、呉服屋やふとん店などの老舗と新しい店舗が混在するのが魅力でもある。商店主たちが協力して、ワークショップや「手作り品バザー」を開催したり、手作りのイラストマップを作成するなど積極的な試みが行われている。

田子《たご》（西伊豆町田子）

細い路地沿いに家屋が密集する漁村集落

田子は、西伊豆の景勝地として知られる堂ヶ島の北の隣にある漁村集落である。田子というユニークな名は、地元の創祀年代不詳の古社・哆胡《たご》神社からきているといわれる。

山と海の狭間にある平地は非常に狭く、幾筋にも分かれる細い路地に沿って小さな家々がびっしりと肩を寄せ合うように建ち並ぶ、典型的な漁村風景が展開している。

田子は昔から漁業一本で生きてきた村で、特にカツオの一本釣りの漁港として発展してきたが、漁業だけでなく加工業も盛んで、「田子節」と呼ばれる名物の鰹節をはじめ、塩辛、塩かつお、かつお醤油などの製造販売も行ってきた。江戸時代、田子の名主だった山本家は、田子節を江戸にも出荷していたというから大したものである。狭い路地を歩いていると、突然に立派ななまこ壁の大邸宅が出現して驚かされるが、その頃カツオ漁とその加工で財を成した商家の名残りだろうか。

もっとも、以前はなまこ壁の重厚な蔵や屋敷が建ち並ぶ、漁村としては珍しい家並みだったそうだが、残念ながら現在はほとんど残っていない。通りがかりの老人に尋ねると、「昔はなまこ壁だらけの村だったが、どんどん減ってしまった。ついこないだまでそこに三軒ほど並んで建っていたなまこ壁の家も、壊されて駐車場になったばかりだ」とのことだった。もう少し早く訪れていたら、なまこ壁だらけの漁村が見られたのかと思うと、実に残念である。

波静かな田子湾に面した漁
師町・田子は、昔から漁業
一本で生計を立ててきた

SEA·LAND

細い路地に突然現れたなまこ壁の邸宅。
田子には、少し前までこのようななまこ
壁の家や土蔵がたくさんあったという

平地は少なく、狭い路地に住宅が密集する典型的な漁村風景

★田子への行き方
伊豆縦貫自動車道月ヶ瀬ICより車で約10分

湯《ゆ》ヶ《が》島《しま》温泉（伊豆市湯ヶ島）

川端康成が第二のふるさとと呼んだ、山あいの秘湯

湯ヶ島温泉は、伊豆半島のほぼ真ん中、狩野《かの》川の上流の渓谷に位置する天城温泉郷の一つである。歴史は古く、室町時代には金鉱が発見されて採掘が行われていたが、やがて温泉地としても知られるようになる。江戸時代には湯治場として大いににぎわい、遊郭もできるほどだった。

明治に入ると数多くの文人が訪れるようになった。川端康成は学生時代に湯ヶ島を訪れてすっかり気に入り、のちに何度も訪れて名作『伊豆の踊り子』を書き上げた。岩波文庫の『伊豆の踊り子・温泉宿』あとがきにこう書いている。「・・・昭和二年まで十年の間、私は湯ヶ島にいかない年はなく、大正十三年に大学を出てからの三、四年は湯本館での滞在が、半年あるいは一年以上に長びいた」――湯本館は現在も営業しており、彼が逗留した部屋はそのまま保存されている。

また、湯ヶ島で少年時代を過ごした井上靖は、その頃の思い出を小説『しろばんば』

に書いた。主人公の洪作少年が何度も行ったり来たりする母親の実家は、井上靖自身の母の家を描いたもので、「上の家」として今も残っている。他にも与謝野晶子、梶井基次郎、島崎藤村、若山牧水など、ここを訪れた作家たちはかなりの数にのぼる。

文人たちを魅了した湯ヶ島温泉は、狩野川の渓流に沿って旅館がポツポツと点在し、地元の人だけでなく観光客も利用できる共同浴場もある。この共同浴場に通うために作られた散歩道「湯道」があり、現在は宿泊客たちの散策コースとして人気スポットになっている。「湯道」はゆっくり歩いて三十〜四十分。鬱蒼とした木立に囲まれ川に沿った細い道が続く。都会の喧騒を離れて、鳥の声と川の水音しか聞こえない静けさの中を歩いていると、何だか自分も温泉宿で執筆している文人になったような気分になる。「湯道」のメインスポットは「出会い橋」と呼ばれる二つの橋。黄色い手すりが目立つ「男橋」と「女橋」で、ここで本谷川《ほんたにがわ》と猫越川《ねっこ》が合流し、狩野川となる。この二つの川と二つの橋が出会う場所ということで「出会い橋」と名付けられたそうだ。

しかし、かつて多くの客でにぎわった温泉も、最近は客足が減り、飲食店も閉店し、廃業する旅館も増えてきている。伊豆半島の入口に近い熱海や修善寺に比べると、かなり寂しい温泉地になっている事実は否めない。だが、こんなにさわやかな清流と深い緑に包まれ、豊かな湯量と素晴らしい泉質に恵まれた湯ヶ島温泉、疲れた都会人がリフレッシュするには最適な場所で、もっともっと利用されてよいはず。このまま寂れていくのはあまりに惜しい気がする。

狩野川上流の川沿いにポツポツと温泉宿が並ぶ湯ヶ島温泉

男橋

女橋

川端康成が10年間通って『伊豆の踊り子』を書き上げた「湯本館」

宿の部屋からは狩野川の清流が見られる

井上靖が『しろばんば』で書いた母の実家「上の家」

『しろばんば』の舞台となった場所を紹介している標識

「湯道」の案内地図

伊豆市観光協会　天城支部
住所：伊豆市湯ヶ島176-2　夕鶴記念館内
電話：0558-85-1056
営業時間：9:00〜17:00
定休：火曜日

★湯ヶ島への行き方
伊豆縦貫自動車道月ヶ瀬ICより車で約10分

おすすめランチ

●わさび丼定食

湯ヶ島の名産であるわさびを使った「わさび丼」。地元下山の無農薬わさびをその場ですり下ろして、海苔と鰹節がかかった熱々ご飯にかけて食べる。シンプルながら、驚くほど美味しいわさび丼をぜひご賞味いただきたい。

「あまご茶屋」
伊豆市大平柿木871-2

わが町自慢の市場食堂

ととすけ（静岡市清水区島崎町１４９）

マグロ専門業者直営の、安さと美味さで定評のある店

「新鮮で美味しい魚をもっと気軽に食してほしい」という願いから、仲卸業者たちが集まって開いた、清水魚市場の「河岸の市」。清水港の台所として、仲卸業者がプロの目で選んだ新鮮な魚介類や海産物、さらに野菜、惣菜なども直接販売している。とにかく安くてうまいと評判で、市内だけでなく県外からも連日多くの客が訪れ、にぎわっている。

「河岸の市」にはそれぞれ特徴を活かした食堂が営業しているが、中でも人気があるのがこの「ととすけ」。マグロ専門の運送業者直営の店で、オーナー自身が長年マグロの営業をしており、美味いマグロを見定める目は確か。仕入れたその日のうちに自社便で運んで安く提供し、評価が高い。

名物は「元祖ととすけあげ」。一本のマグロから二個しか取れない希少部位のカマをオリジナルの製法で揚げ、先代から継ぎ足してきているという秘伝の甘辛タレを絡めた料理で、日本中でここでしか食べられない絶品だ。しかもこの絶品がほとんどのメニューについているのだから嬉しい。

営業時間
月・火・木・金11時〜14時半、17時〜19時半
水11時〜14時半
土10時半〜20時
日10時〜20時
（いちば館は9時半〜17時半、水曜日定休）

著名人の生家を訪ねて

清水の次郎長生家

海道一の大親分から先見性と行動力あふれる地域活動家へ

清水の次郎長といえば「海道一の大親分」として講談・小説をはじめ映画やテレビドラマなどで数多く取り上げられてきた。日本で最も有名な侠客という評価に異を唱える人は多分いないだろう。

だが実際には、次郎長はただの渡世人ではなかった。若くして家業の米穀仲買業を継ぎ、商人として店を繁盛させるが、賭場への出入りが素で賭け事のもつれから人を斬ってしまい、実姉夫婦に家産を譲り、出奔、任侠を志した。津向一家と和田島一家の対決を一人で仲裁し、吉良の仁吉に加勢し、清水一家二十二名で黒駒の勝三一家百三十人を相手に闘うなど、腕と度胸で海道一の大親分に。だが明治維新以後はきっぱりと渡世人を辞め、清水湊を国際港とするために奔走、また地域を支える大旦那として、富士の開拓や英語塾開講、医院開設など、優れた先見性と実行力でさまざまな地域貢献活動を行なった。

明治二十六年、風邪をこじらせて死去。享年七十四歳。三千人を超える参列者がその死を悼んだという。

改修を経て今も残る生家は、文政三（一八二〇）年に次郎長こと山本長五郎が誕生した家。間取りも創建当初とほぼ同じである。

住所　静岡市清水区美濃輪町4-16
入館料　無料
開館時間　平日10時～16時、土日祝10時～17時
休館　毎週火曜

岩《いわ》科《しな》南《なん》側《そく》（松崎町岩科南側）

「なまこ壁」の原風景が見られる小さな集落

南伊豆の松崎町は、見事な「なまこ壁」の蔵屋敷が建ち並ぶ町並みで全国的にも知名度が高い。松崎は南伊豆で最大の港町であり、カツオ・マグロの遠洋漁業の中心地でもあったことから、裕福な商家が数多く生まれ、立派な蔵を持つ豪勢な屋敷が次々に建てられた。

その松崎から少し離れたところ、下田に向かう途中に、岩科という小さな集落がある。岩科北側《いわしなほくそく》と岩科南側《いわしなنそく》というわかりやすい住居表示で二つに分かれているこの町もまた、全域になまこ壁の建物が見られる。

松崎の「なまこ壁通り」は、確かに美しく見応えのあるなまこ壁の蔵屋敷が揃っているが、整然としすぎて生活感が感じられない、という向きには、ぜひこちらの岩科をお勧めしたい。特に岩科南側には、なまこ壁の原風景とでもいうべき昔ながらの家並みが残っている。ここのなまこ壁は、蔵だけでなく、母屋の屋根部分だったり、壁の一部だったり、塀だったり、家のいろんな場所に所構わずピンポイントで使われていて、これこそがなまこ壁の本来の使い方だったのではないかと思えるのだ。いかにも必要な部分に必要な範囲だけつけました、という感じが、潔くて生活感にあふれていて、なんとも魅力的だ。

そもそもなまこ壁とは、江戸時代、潮風や台風などの風雨から建物を守り、また耐火性に優れることから、全国的に普及したものである。壁面に平瓦を並べて貼り、瓦の目地（継ぎ目）に漆喰をかまぼこ型に盛りつけて塗る左官工法で、目地の盛り上がった形が海の海鼠《なまこ》に似ていることから「なまこ壁」と呼ばれた。このように実用性に優れた工法だが、元々が武家屋敷の壁に使われ始めたものなので、機能性だけでなく堅牢で重厚感があり、意匠的にも独特の美しさを持ち合わせている。

なまこ壁は全国各地で使われているのだが、この南伊豆地方（下田にも多く残っている）に特に集中的に見られる理由は、今もはっきりした解釈がされていないらしく、なかなか興味深い謎と言っていいかもしれない。

岩科地区には、国の重要文化財である「岩科学校」がある。明治に建てられた擬西洋風の木造建築で、伊豆地方最古の小学校。外装の白壁には一面になまこ壁が使われている。なまこ壁の美しさを集約したような外観で、松崎方面を訪れる機会があればぜひ立ち寄って一見されることをお勧めする。

庭の緑に映えるなまこ壁

 岩科南側

岩科川の支流に沿って、なまこ壁の住居が建ち並んでいる

なまこ壁もよく見るといろんな表情をしている

国の重要文化財「岩科学校」。明治13年に建てられた小学校で、伊豆に現存する最古の学校建築物。なまこ壁を生かした白亜の社寺風建築様式で、木造建築の傑作として知られている

岩科学校
住所：賀茂郡松崎町岩科北側442
電話：0558-42-2675
開館時間：9:00～17:00
定休：木曜日（祝日の場合は直前の平日）、臨時休館あり
入館料：大人300円、中学生以下無料（団体割引あり）

★岩科南側への行き方
伊豆縦貫自動車道月ヶ瀬ICより車で約60分

おすすめランチ

●松翠定食

伊豆近海の魚をベースに、地元松崎の食材をふんだんに使った丁寧な料理が評判の松翠。松翠定食は刺し身、天ぷら、焼き魚のほかに小鉢が5品もついた贅沢な定食。旬の魚をリーズナブルに楽しめる地魚丼もおすすめだ。

「**松翠**」
松崎町松崎313-5

名画名作の舞台を訪ねて

『雨あがる』(掛川市ほか)

小説　山本周五郎著(一九五一年)
映画　小泉堯史監督(二〇〇〇年)

不器用で出世に縁のない夫を支え続ける妻 貧しくとも心晴れやかな夫婦の物語

人を押し除けてまで出世することができず、定職に就けないまま当てのない旅を続けている浪人・三沢伊兵衛。そしてそんな夫を理解し、支え続けている妻・たよ。貧しいが心温まる夫婦の深い絆を描いた物語。

名匠黒澤明が映画化しようとして脚本を執筆中、病に倒れ、完成させることなく亡くなった。その遺言を受けて、長年黒澤の助監督として脚本執筆を手伝っていた小泉堯史が、初監督に挑戦して世に出した作品である。

ある日大雨で足止めをくらった安宿で、夫婦はさまざまな人々の争いを目にする。見て見ぬふりができず、命の危険を顧みず仲介に入った伊兵衛。その一部始終を見ていた藩主が伊兵衛の腕と人柄を気に入り、剣術指南役として城に迎え入れようと申し出る。ようやく職にありつけると喜んだ伊兵衛だが、ことは思わぬ方向に進展し…。

主人公の伊兵衛を演じた寺尾聰は日本アカデミー賞最優秀主演男優賞を受賞、映画はヴェネツィア国際映画祭でも緑の獅子賞を受賞した。

掛川城御殿。江戸後期に再建された全国でも数少ない貴重な建物で、時代劇によく登場するロケ地。御殿の庭で、主人公と殿様との御前試合のシーンが撮影された。

森町の遠江一宮、小國神社。杉並木の参道で伊兵衛と城の侍たちの果し合いのシーンが撮影された。

重要伝統的建造物群保存地区

焼津市花沢（山村集落）

平成26年9月18日選定

焼津市北部の山間部にある花沢地区は、三十戸ほどの山村集落。奈良時代からの旧街道の坂の途中にあり、石垣の上に建つ板張りの家屋が山林など周辺の自然と一体となり独特の景観を作り出している。深い山の谷間に密集して民家が集まる様子は隠れ里のようでもあり、「花沢の里」と呼ばれ注目されている。建物の多くは江戸時代の様式を保ちながらも明治期に蜜柑栽培によって栄えたことで増改築を施されている。ひっそりとした山村の趣を保ちながら、古民家カフェやみかん狩りのできる農園を楽しめるなど貴重なスポットとなっている。

愛知

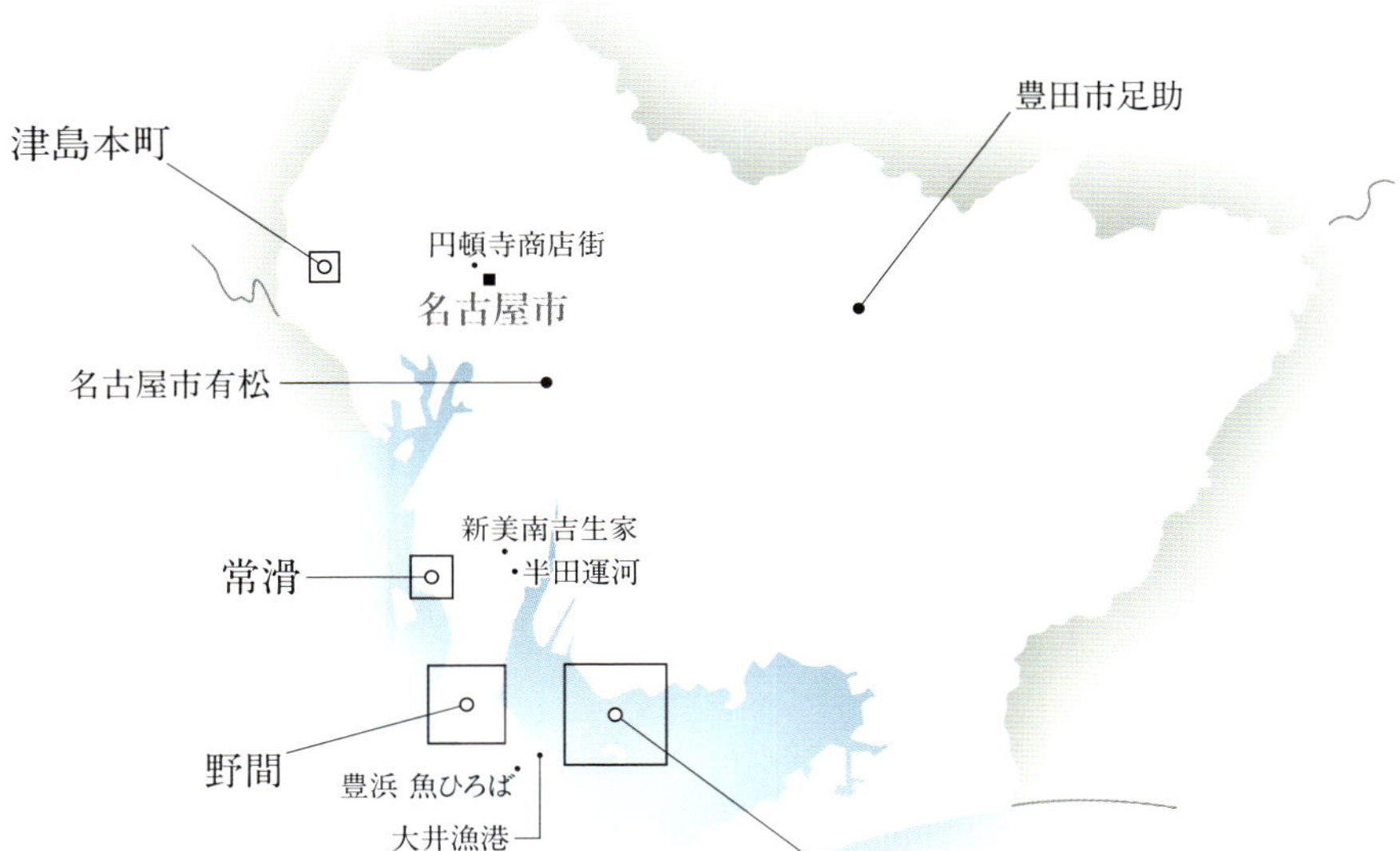
豊田市足助
津島本町
円頓寺商店街
名古屋市
名古屋市有松
新美南吉生家
半田運河
常滑
野間
豊浜 魚ひろば
大井漁港
佐久島

佐久島《さくしま》（西尾市一色町佐久島）

黒壁の古民家が密集する「三河湾の黒真珠」

西尾市の一色港からフェリーで約二十分、三河湾の真ん中あたりにぽっかりと浮かんでいる佐久島は、一九九六年からアートによる島おこしに取り組んでいる。島のいたるところにユニークなアート作品が展示されていて、観光客に人気のようだ。我々がいる間も、各地から若い観光客が相当数訪れていて、昼どきはガイドブックに載っている食堂などはどこも満員の盛況だった。どんなアートなのか、興味のある方はぜひ島に行ってご覧いただくとして、我々がここでご紹介するのは、漁業で栄えてきた昔ながらの佐久島の町並みである。

佐久島は周囲一・六キロ、面積百八十一ヘクタール、東京ディズニーランド約三個分の広さで、人口はおよそ二百六十人。地層からは縄文式土器や弥生式土器、貝塚なども出土し、五十基以上の古墳も残るという歴史の古い島である。江戸時代には海運業で栄華を極めた時期もあったが、その後は海苔の養殖などを中心とする漁村となった。

島内は西と東の二つの集落に分かれている。東は島の玄関口で近代的な旅館や社寺なども多い地域、古民家が多く残っているのは西の集落だ。ここの道路は殆どが巾四メートル以内で、狭い上に不規則に曲がりくねって分岐しているので、歩き出すとまるで迷路に迷い込んだように方向がわからなくなる。その迷路の両側にぎっしりと建ち並ぶ家々は、その殆どが板壁で、全面にコールタールを塗っているため真っ黒。これは潮風による腐食を防ぐためで、漁業が盛んだった佐久島では船底に防水用のコールタールを塗っていたので、それを家の壁にも応用したらしい。

島の人たちにとっては実用目的だったわけだが、この黒壁の木造建築が細い路地に密集する独特の景観に魅せられた人たちは、ここを「三河湾の黒真珠」と名づけて絶賛した。実際に訪れてみると、本当に珍しい見事な家並みで、黒真珠という呼称が決して大袈裟でないことを実感した。一見の価値のある景観だと思う。

愛知県には有人の島が三つ（佐久島、日間賀島、篠島）ある。その中で、名古屋からのアクセスが不便なこともあり、佐久島は一番大きな島でありながら圧倒的に人口が少なく、過疎化・高齢化が進んでいる。人口はここ十年で半分に減っているそうで、その一因として島外資本による投資が行われなかったことが挙げられているが、そのことがかえって「三河湾の黒真珠」のような景観が残ることにつながったのだろう。確かにアートによる島おこしは進んではいるものの、それに乗ってむやみに観光開発を進めることはしないようだ。いまだに昔ながらの風景が残る、貴重で魅力的な島である。

佐久島西港。島の西の集落には古い
黒壁の木造建築が数多く残っている

「三河湾の黒真珠」と呼ばれるコールタールを塗った黒板壁の家々

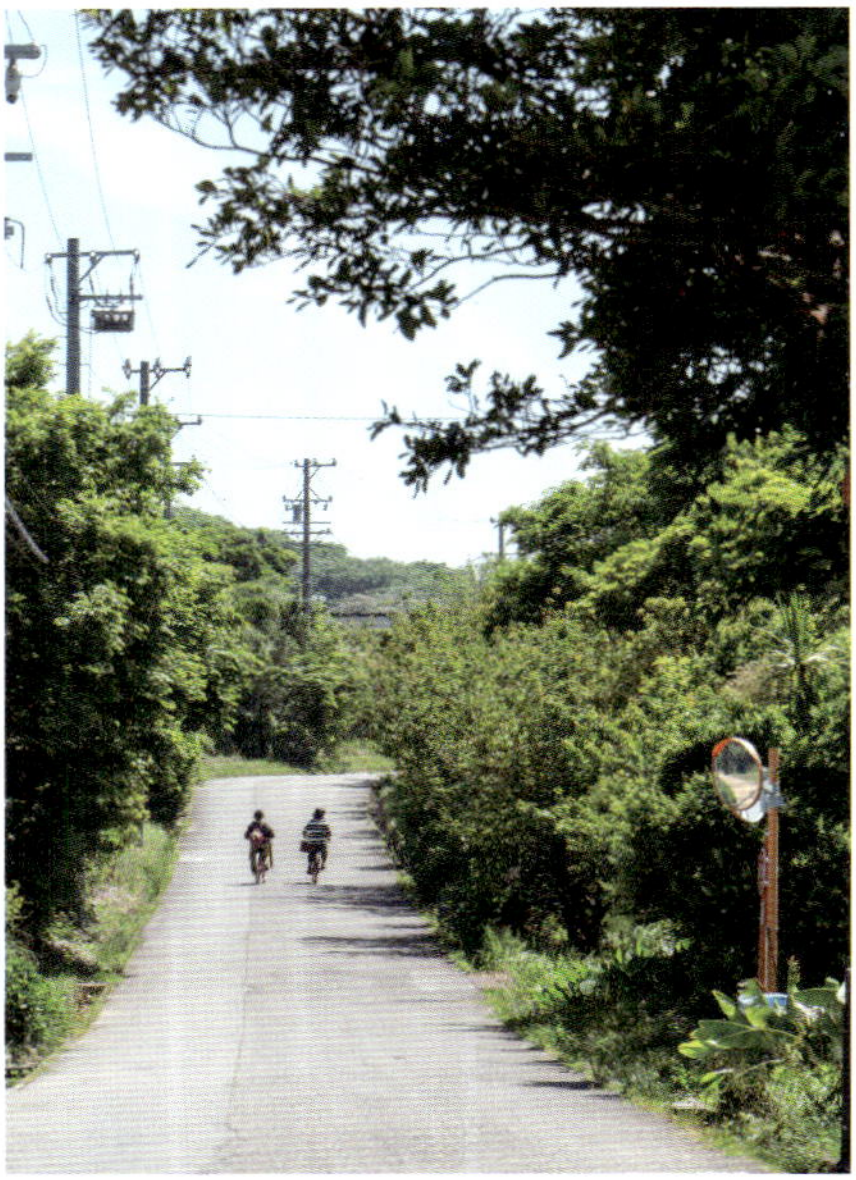

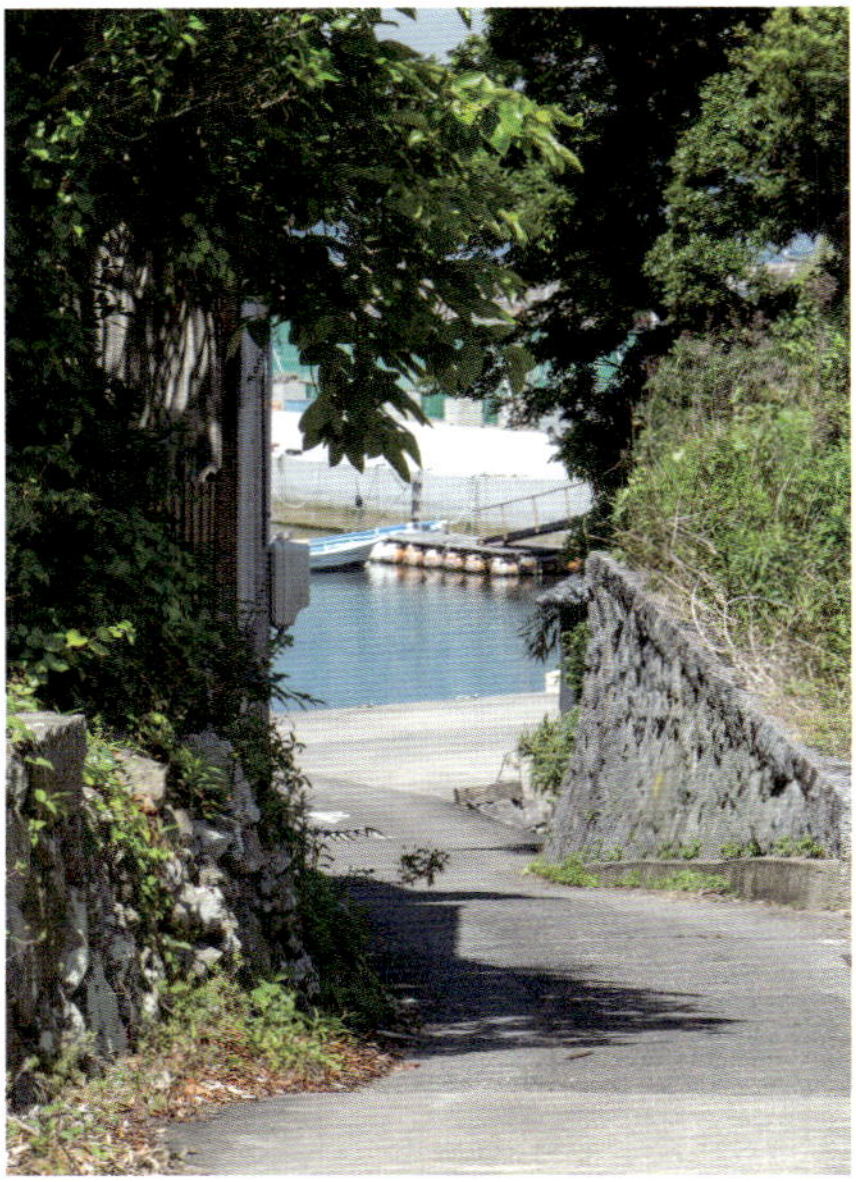

通行止
この先民家
海

海岸の地層は、約2300〜1500万年前に堆積した砂岩・泥岩の層が重なり、ズレによる階段状の美しい縞模様を形成している

★佐久島への行き方
一色港から船で約20分

おすすめランチ

●大アサリ丼

佐久島の名物"大アサリ"を使った丼は、大アサリのフライを卵でとじた一品。大アサリは実は通称でありアサリとは違う種で、ウチムラサキというハマグリの仲間。旬は春から初夏。佐久島ではほとんどの食堂で大アサリを食べることができる。

「ごはん屋海」
西尾市大字佐久島字中屋敷21

豊浜鯛祭り（とよはまたいまつり）

巨大な張り子の鯛が街を練り歩く豊浜鯛祭り。他では類を見ない独特のお祭りは、中洲地区の中洲神社、須佐地区の津島神社それぞれの神事でもある。

明治十八年ころ、船大工の森佐兵衛が「ハツカネズミ」の張り子を作ったのが始まりといわれている。その後、さまざまな動物の張り子を経て、海の生き物となり、鯛に落ち着いたのが大正に入ってからのこと。今では愛知きっての奇祭として知られ、全国から見物客が訪れている。竹と木材を組み合わせ、白木綿を巻いてつくられた全長十メートル以上の巨大鯛は一度見てほしい。

開催時期　毎年7月下旬の土・日曜

開催場所　南知多町豊浜

写真提供：南知多町観光協会

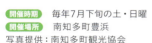

わが町自慢の
市場食堂

市場食堂
（知多郡南知多町大字豊浜相筆33 豊浜 魚ひろば）

釣りスポットで人気の港にある漁協直営の小売市場

愛知県内でも有数の水揚げ量を誇る豊浜漁港。漁業で活気があるのはもちろんだが、有数の釣り場としても知られており、港は常に人でにぎわっている。

港で働く人、釣り客、そして海産物を求める地元の人や観光客から人気を集めているのが、豊浜漁協が運営する市場「豊浜魚ひろば」だ。水揚げされたばかりの新鮮な魚介類が並ぶ店や干物を扱う店から威勢の良い声が飛び交う。「市場食堂」はそんな市場の一角にある飾らない食堂。海鮮丼が人気だが、刺し身、焼き魚、小鉢がついた日替わり定食もおすすめだ。

営業時間
月～金10:00～19:00
土・日・祝8：30～19：00
火曜定休

野《の》間《ま》（知多郡美浜町野間）

黒板塀の農家建築が建ち並ぶ、塩長者たちの町

知多半島の野間は、伊勢湾海上交通の要衝として栄えた町である。「野間塩船」という名を聞いたことがおありだろうか。塩を、産地の野間から消費地へ運んだ船のことだ。野間では奈良時代から塩を生産していたそうで、ここでできる極上の塩は奈良の朝廷にも献上されていたという。

その後、野間の豪商たちは、地方の産地と都市部の物価格差に着目し、四国などの価格の安い地域から大量の塩を買い付け、それを江戸で販売して莫大な富を手にした。野間の町も千石船の寄港地として繁栄し、豪商たちの邸宅が次々に建てられた。

その華やかだった頃の面影は、今も町に残る。現在の野間の町を歩くと、南北に直線に走る通りに沿って、黒板塀と板壁の民家がぎっしりと密集して建ち並び、そのあまりの見事さに驚かされる。大通りからは迷路のように小さな路地が別れ、その両脇にも黒板張りの農家建築が延々と続く。

これらの黒板張りは、三十センチくらいの下見板を細い木で張り付けた外囲いで覆われていて、煤と魚油で練った防腐剤で黒々と塗られている。この外囲いは家自体を風雨から守るためで、四十年くらいたって傷むと取り替えるように作られているそうである。ともかく、行けども行けども続く黒々とした家並みは、なかなかに壮観で見応えがある。

ところで野間には、歴史上重要な地としての別の顔がある。それは「源義朝最期の地」であること。平治元（一一五九）年十二月、平治の乱で平清盛に敗れた源義朝は、東国で再起を図るために京を脱出し、ここ野間の地に家臣の長田《おさだ》忠致《ただむね》を頼ってやってくるが、恩賞目当ての長田親子の裏切りに遭い、入浴中を襲われ、殺される。享年三十八歳。義朝はこの時、「我に小太刀の一本もあれば、むざむざ討たれはせぬものを」と叫んで悔しがったと伝えられる。

義朝が身を寄せた大御堂寺（現在の「野間大坊《のまだいぼう》」）には義朝の墓があり、境内にはその首を洗ったとされる「血の池」（国に異変があると、池の水が真っ赤に染まるという伝説がある）など、ゆかりの史跡が数多く残されている。ちなみに義朝の墓には、彼の最期の言葉にちなんで、小太刀がたくさん供えられている。いずれも、最近ではパワースポットとして観光客に人気のようだ。

裏切り者の長田忠致親子は、その後、義朝の子・頼朝の手により、礫の刑に処せられたと伝えられる。

南北に直線に走る道路に沿って、
黒板塀の屋敷が建ち並ぶ

黒板貼りは約30センチの下見板を細い木で張り付けた外囲いで覆われている

源頼朝が父義朝の霊を弔ったといわれる野間大坊（大御堂寺）

義朝の首を洗ったとされる「血の池」

野間大坊の境内にある義朝の墓。
小太刀がたくさん供えられている

「血の池」の前にはのどかな田園風景が広がる

★野間への行き方
南知多道路美浜ICより車で約15分
名古屋鉄道知多新線野間駅より徒歩で約15分

『ノイズ』（知多郡美浜町ほか）

漫画　筒井哲也著（二〇一八―二〇二〇年）
映画　廣木隆一監督（二〇二二年）

一人の凶悪犯が絶海の孤島の日常を一変する

筒井哲也の同名のコミックを実写映画化したサスペンス。過疎化が進む孤島・猪狩島では、島の青年・泉圭太（藤原竜也）が黒イチジクの生産を始めた。それが高く評価され、島に地方創生推進特別交付金五億円が支給されることになった。島民たちに島の復活という明るい兆しが見えてきたある日、突然現れた一人の男によって島の平和な日常は一変し、波紋《ノイズ》が広がってゆく。

圭太と幼馴染の猟師・田辺純（松山ケンイチ）、新米警官の守屋真一郎（神木隆之介）の三人は男を探して追い詰めるが、誤って男を殺してしまう。三人はこのことを隠すことにするが、実は男は元受刑者のサイコキラーで、その足取りを追って県警が大挙して押し寄せ、静かな村は上を下への大騒ぎとなる。そして第二、第三の殺人が起こり……。圭太たちは果たして無事に殺人を隠し通せるのか。

島起こしに懸命な絶海の孤島を舞台に、思いもよらない出来事で変わっていく島民たちの日常をリアルに描いた、予測不能な新感覚サスペンス。

境内に源義朝の墓がある野間大坊。この信徒会館が、圭太のテレビ出演を島民がにぎやかに見守った集会所として使われた。

大井漁港。駐在所近くの海岸として、劇中に頻繁に登場している。

常滑《とこなめ》（常滑市栄町ほか）

千年の歴史に支えられる、町の日常に溶け込む製品群

　六古窯の中でも最古の歴史をもつといわれる常滑焼は、平安時代末期の一一〇〇年頃、良質の粘土が豊富な知多半島の丘陵地で始まった。当初は地中に傾斜のある穴を掘った穴窯で、碗や皿、甕《かめ》や壺などを焼いていたが、室町時代には穴窯から大窯に代わり、大型の甕や鉢が中心となる。この頃、半島全域に分布していた窯は現在の常滑市街地に集中しはじめ、これが今日の常滑焼へと引き継がれていった。

　江戸時代後半になると、茶器や酒器などの陶芸品も生産されるようになる。常滑焼の代名詞ともいわれる「朱泥の急須」は、幕末から明治の頃、中国から技法が伝わり、常滑で大きく発展した。また明治以降は、近代化により需要が増大した「土管」にいち早く着目し、上下水道や灌漑用の土管が主力製品となる。日本初の鉄道が敷かれた新橋駅では、排水用に常滑焼の土管が採用された。

　そんな長い歴史をもつ常滑の町は、そこかしこにレンガの煙突が点在する古くから

の町並みが今もそのまま残っている。名鉄常滑線の常滑駅から東に五分ほど行ったところに「常滑市陶磁器会館」があり、ここで現在の陶磁家たちの作品が展示販売されている。そしてここが「常滑やきもの散歩道」の出発点となっている。

「やきもの散歩道」とは、昭和初期ごろ最も栄えた窯業集落一帯を指し、今も残る煙突や窯、焼物工場などの歴史的産業遺産を巡る観光スポット。せまく曲りくねった路地が延々と続くが、登窯や黒板塀、土管坂といった情緒あふれる風景が次々に現れ、見る人を飽きさせない。ここには現在も多くの作家や職人が住んでいて、工房を開いている。中には陶芸体験のできる陶房や、作品の展示即売をしているところもあり、休日には陶芸愛好家や観光客で大いににぎわっている。

陶磁器会館で入手できるパンフレットには、やきもの散歩道AコースとBコースが紹介されている。Aコースは初心者向きで距離は一・六キロ、所要時間一時間。このコースで大体の見どころはカバーしている。Bコースはいわゆる「通」向きのコースで、距離は四キロ、所要時間は約二時間半。常滑の歴史などもっと深くこの町と常滑焼を知りたい人のためのコースだ。

散歩道を歩いていて気づくのは、迷路のように入り組んだ細道を取り巻く家や庭や塀に、常滑焼の甕や土管があまりにも自然に置かれていること。焼き物の町は数あれど、ここまで製品自体が日常に溶け込み、一体となっている風景は珍しいと思った。これも千年という気の遠くなるような歴史の成せるワザなのだろうか。

「やきもの散歩道」を代表する風景「土管坂」

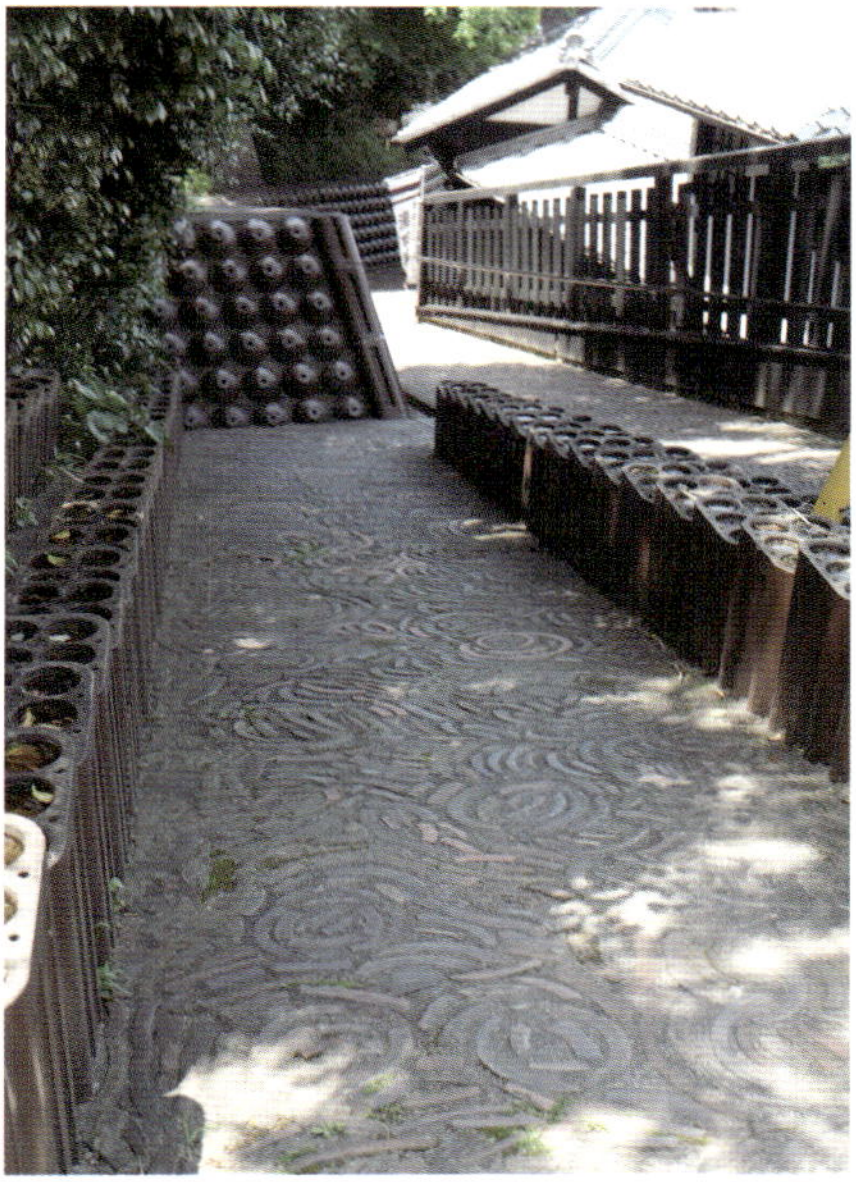

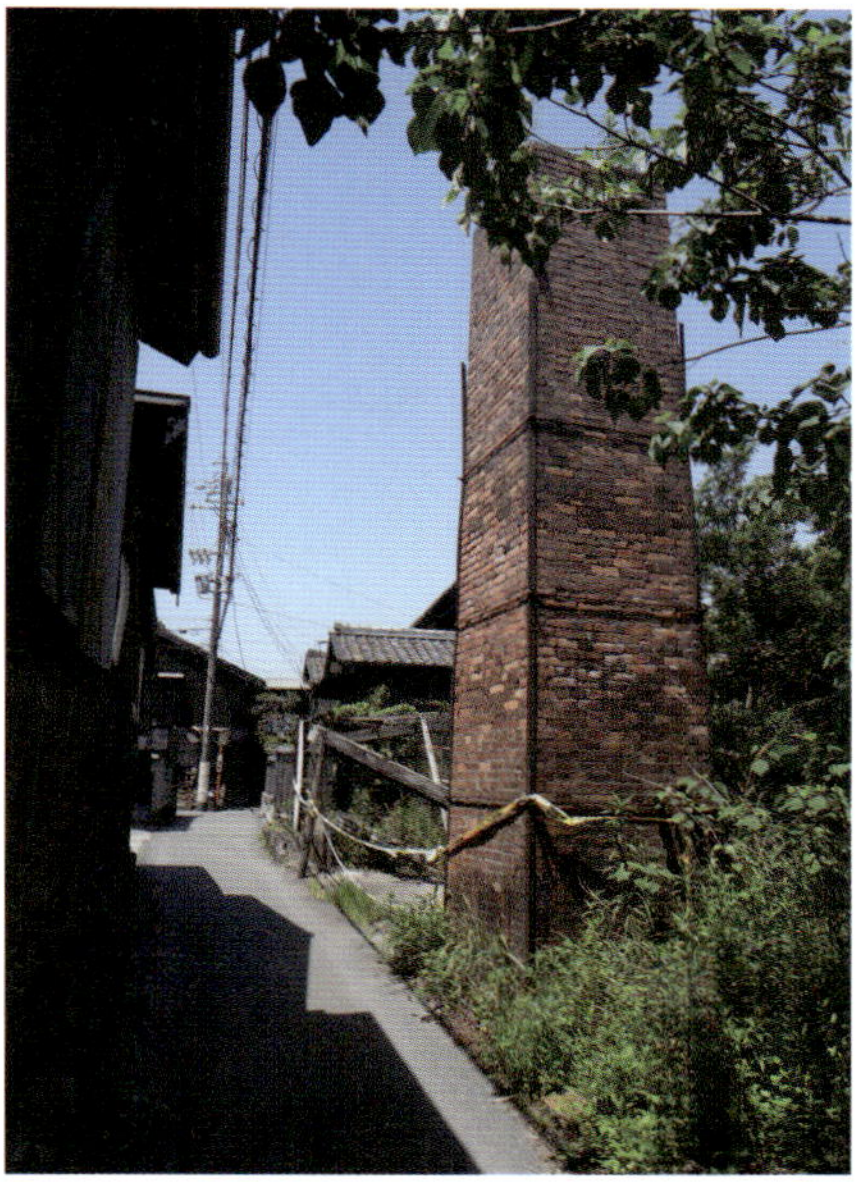

赤レンガの煙突。今ではもう使われなくなった

工場と工場を結ぶ渡り廊下

黒壁と赤レンガの煙突が建ち並ぶ、
焼き物の町ならではの懐かしい風景

フローラ

明治20年頃に築かれた、日本に現存する最大級の登窯「陶栄窯《とうえいがま》」の内部。昭和49年まで使われていた

陶栄窯の10本煙突。それぞれに高さが異なる

ほたる子

常滑焼の代名詞「朱泥の急須」

★常滑への行き方
知多半島道路常滑ICより車で約5分
名古屋鉄道常滑線常滑駅より徒歩で約10分

常滑市陶磁器会館
住所：常滑市栄町3-8
電話：0569-35-2033
開館時間：9:00～17:00
定休：年末年始
料金：無料

おすすめおやつ

●焼きだんご
常滑を散策していると、ちょうど良いところに現れるだんご茶屋。香ばしい匂いに誘われついつい休憩してしまう。定番の焼き団子と磯辺団子は鉄板の人気。目を引くメニューのネコ団子は、醤油団子に猫の好物花かつおをまぶした団子だ。

「だんご茶屋」
常滑市栄町4-11

コラム

古き良き時代にタイムスリップ 半田運河・蔵の街

常滑の東隣の町・半田は、江戸時代から酒や酢や焼酎などの醸造業で栄えた町である。その半田市の中心部を流れ衣浦湾《きぬうら》へとつながるのが、半田の象徴ともいえる「半田運河」だ。衣浦湾は古くは衣《ころも》ヶ浦といい、この運河を通って大型廻船が行き交い、江戸や大坂などに産業品が運ばれていった。

今は「半田運河・蔵の街」と呼ばれ、観光客にも人気のスポット。醸造の蔵や豪商の邸宅が建ち並び、今もミツカングループの黒塀囲いの工場が往時のままに残されている。ざっと挙げただけでも、運河の周りには「半田赤レンガ建物（旧カブトビール工場）」、「中埜《なかの》酒造　國盛《くにざかり》酒の文化館」、「小栗家住宅」、「旧中埜家住宅」、「旧中埜邸・半六庭園」、「ミツカン・ミュージアム」など、江戸から明治にかけての重厚で情緒のある佇まいが残っていて、古き良き時代にタイムスリップしたような気分になる。

半田市の象徴、半田運河

國盛酒の文化館。200年ほど前に建てられた古い酒蔵をそのまま利用した酒の資料館

旧中埜邸・半六庭園。ミツカングループの創業者・中埜半六家の旧邸宅の庭園は、来訪者の憩いの場所として開放されている

旧中埜家住宅。中埜半六家の第10代半六が、明治44年に別荘として建てた洋風建築

小栗家住宅。醸造と海運で発展した小栗家の邸宅で、江戸末期から昭和初期にかけて建てられた屋敷群。今も住居として使用されている

半田赤レンガ建物。昭和31年建設のカブトビール醸造工場跡。約240万丁のレンガを使い、現存するレンガ建築としては日本最大規模の貴重な建造物

著名人の生家を訪ねて

新《にい》美《み》南《なん》吉《きち》生家
短命な童話作家の豊かな想像力の源となった生家

「東の宮沢賢治、西の新美南吉」と称される童話作家・新美南吉は、大正二年七月三十日、父が畳屋を営んでいたこの家で生まれた。四歳のとき母を亡くし、祖母の家に養子に出されて「新美」姓となるが、やがて再びこの家に戻る。だが、継母が入った家で、ひとり新美姓を名乗ることに距離感を感じつつ、生活も楽ではなく、健康にも恵まれず、寂しい少年時代を送る。だが、持ち前の豊かな感性は抑えられるものではなく、病気がちの日々の中で、その想像力は生家とその周りの街や自然の中を駆け巡り、数々の作品に昇華されていった。童話「狐」や小説「雀」「帰郷」などは全てこの生家の周辺が舞台となっている。

初めての童話集を出版した翌年、喉頭結核の悪化により二十九歳でこの世を去ったが、亡くなる二ヵ月前には、痛みをこらえながらこの家で「小さい太郎の悲しみ」などの最後の作品を書き上げた。

住所 半田市岩滑中町1-83
入館料 無料
入館時間 9：00〜17：00
休館 年末年始

新美南吉の
南吉記念館
1.5km
光蓮寺
320m
八幡神社
120m
常福院
230m

下駄屋

津《つ》島《しま》本《ほん》町《まち》（津島市本町）

川の形がそのまま町の形になって残る古い町並み

津島は愛知県の西部、名古屋の西七キロのところにあり、現在は名古屋で働く人たちのベッドタウンとなっている。だが町の歴史は非常に古く、六世紀の建立といわれる津島神社の門前町として発展してきた。津島神社は、京都の八坂神社とともに牛頭《ごず》天王《てんのう》（平安京の祇園社の祭神）信仰の二大社として知られ、全国に約三千もの分社がある。「津島神社に参拝すれば、全国の神社にお参りしたことになる」といわれたほどで、この場所に門前町が発達するのは当然のことだったろう。

今も「天王さん」と呼ばれ親しまれる津島神社界隈には、昔は天王川という川が流れていた。津島は門前町としてだけでなく、この川を利用した舟運による物資の集散地として、また港町としても発展し、最盛期には川の両岸に数千軒もの町家がびっしりと建ち並んでいたという。だが明治時代、洪水が頻発していた木曽三川の整備とともに天王川は廃川となった。その時堰き止められた水が、今は天王川公園の池となっ

て残っている。池の幅を見ると、天王川がかなり大きな川だったことがわかる。
名鉄津島駅の駅前から西へ、天王通りという大通りがまっすぐ津島神社に向かっているが、その途中で交差する津島街道を南下していくと、しばらくして伝統的な古い家屋が建ち並ぶしっとりとした通りに出る。ここが本町筋。元の天王川東岸にあった自然堤防の上にできた町だそうで、道は往時の川の形に沿って緩やかに湾曲し、変化に富んだ町並みをかたちづくっている。川は無くなったが、川の形がそのまま町の形になって残っているという、珍しい風景だ。

津島の黄金時代、この辺りには奥行百メートルを超す豪商の邸宅もあったそうで、今も切妻造りに漆喰の真壁、格子や出格子、桟瓦葺の豪勢な町家が建ち並ぶ。連続して立派な袖壁が連なる家並みは見事なもので、往時の繁栄ぶりを偲ばせる。

本町筋には、その異色な外観でひときわ目立つルネッサンス様式の洋風建築がある。元銀行だった建物で、現在は「津島市観光交流センター」となっている。ここで町のさまざまな情報が仕入れられるので、本町を散策する前に一度寄っていくと良いだろう。

「天王さん」と呼ばれ親しまれる津島のシンボル「津島神社」

国指定の重要文化財「堀田家住宅」。江戸中期に建てられたといわれている

本町筋のうだつの町並み

廃川した天王川でせき止められた水は、天王川公園の池になっている

ルネサンス様式の洋風建築
「津島市観光交流センター」

★津島本町への行き方
東名阪自動車道弥富ICより車で約15分
名古屋鉄道津島線津島駅より徒歩で約10分

津島市観光交流センター
住所：津島市本町1-52-1
電話：0567-25-2701
開館時間：9:00〜17:00
定休：月曜日（祝日の場合は翌日）
料金：無料

おすすめランチ

●月見ナポリタン

生パスタに定評があるイタリアンのランチメニュー。デザートや飲み物、前菜の盛り合わせなど数種類のセットから選べる。カジュアルと言いながら料理は本格的で、夜には凝ったメイン料理やコース料理も楽しめる。

「かじゅあるいたりあんPePe」
津島市藤里町1-7-1 イーストコメマツビル1F

ノスタルジック商店街

円頓寺《えんどうじ》商店街（名古屋市西区那古野）

江戸時代から続く商店街にモダンなテイストが融合

大都市名古屋の駅から徒歩十数分の場所にありながら、昔ながらの下町の情緒を残す円頓寺商店街。その歴史はなんと江戸時代にまで遡るといわれている。現在は、明治時代から続く老舗が元気に営業する一方で、新たな店舗も参画し、懐かしさと新しさが混在となった活気ある通りとなっている。平成二十七年に全面改修されたアーケードも、伝統とモダンをうまく融合したデザインが魅力だ。ゲストハウス、ボルダリング、演芸場、ギャラリー&カフェなど、個性的な店舗が多いのもこの商店街の特徴。「サタデーマーケット」やフリーマーケット「ごえん市」など、年間を通してさまざまなイベントが催されており、集客活動が意欲的に行われている。

重要伝統的建造物群保存地区

名古屋市有松（染織町）

平成28年7月25日選定

江戸時代の始めの頃、東海道の鳴海《なるみ》宿と池鯉鮒《ちりゅう》宿の間に築かれた町は、街道を往来する旅人の土産物にと考えられた有松絞りとともに発展してきた。絞りとは布をくくって染める技術のこと。有松絞りは文様の美しさと種類の多さが特徴で、日本三大絞りにも数えられた。「染織町」として重伝建に選定されたはじめての町だ。

　有松の町並みは街道沿いに八百メートルほど続いていて、広い間口を持った絞りの商家の主屋や土蔵、門が数多く見られる。安藤広重の絵にも描かれた有松の町並みの面影は、今もはっきりと残っている。

重要伝統的建造物群保存地区

豊田市足助《あすけ》（商家町）

平成23年6月20日選定

愛知県の中ではじめて重伝建に選定された足助。江戸時代、尾張・三河と信州を結ぶ伊那街道の中継地だった足助は、物資の中継地、庶民の交通の要衝として商家が建ち並んだ。重要な交易物のひとつ、「塩」はこの足助で詰め替えられたことから、「足助塩」「足助直し」と呼ばれた。

　安永の大火で町並みの大部分は焼失してしまったが、その後再建時に防火のために漆喰で塗り固めた町家が今も残っていて、江戸時代や明治の景観を今に伝えている。小道がたくさんあるのも足助の特徴で、散歩しながら小路の先にお気に入りのお店を見つけるのも楽しい。

岐阜

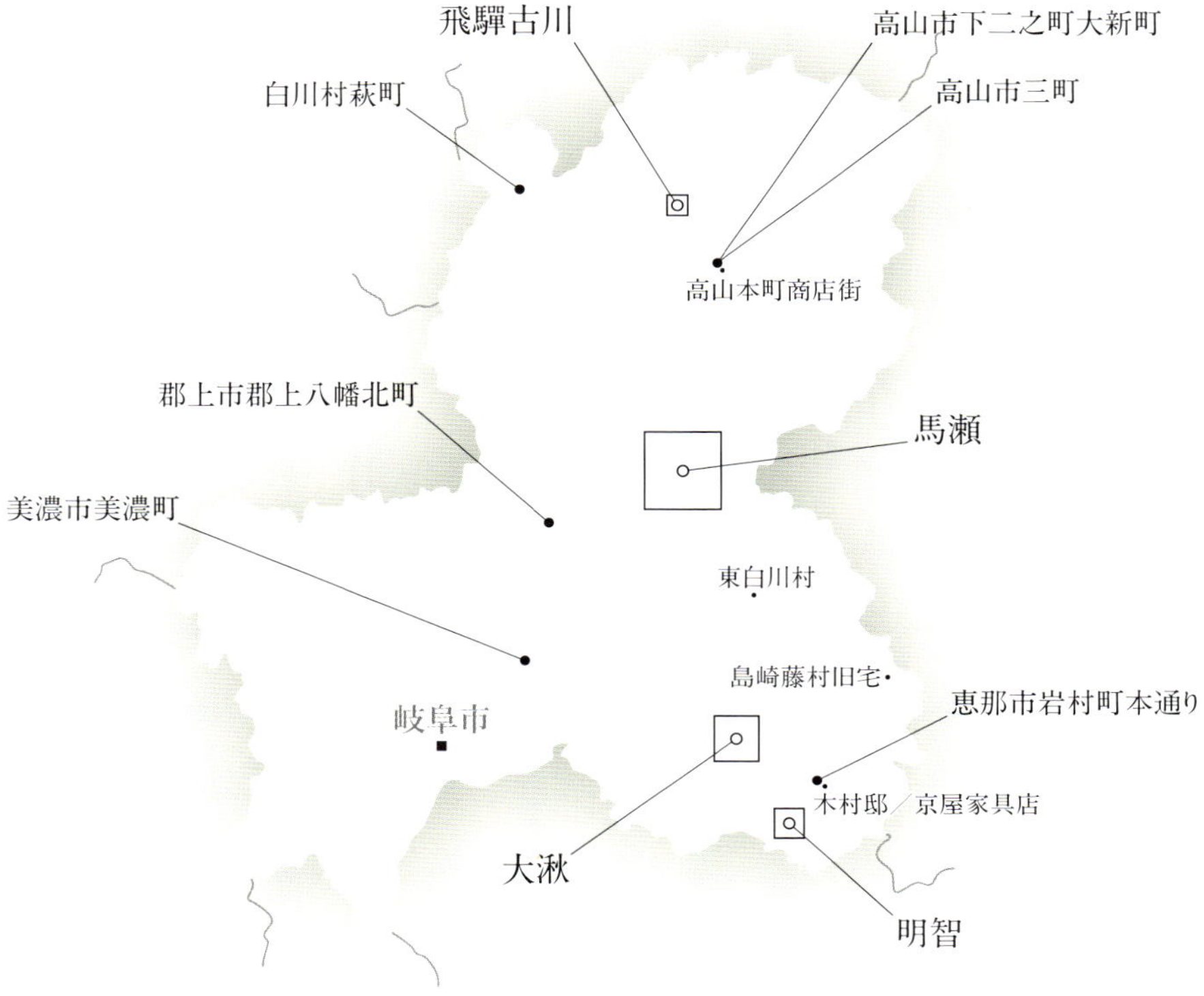
飛騨古川
高山市下二之町大新町
白川村荻町
高山市三町
高山本町商店街
郡上市郡上八幡北町
馬瀬
美濃市美濃町
東白川村
島崎藤村旧宅
恵那市岩村町本通り
岐阜市
木村邸／京屋家具店
大湫
明智

飛《ひ》騨《だ》古《ふる》川《かわ》（飛騨市古川町金森町、古川町本町ほか）

古の風情が色濃く残る城下町

岐阜県北部、飛騨山脈の西側一帯は広く飛騨地方と呼ばれている。かつての飛騨国に由来するもので、現在の高山市、飛騨市、下呂市、白川村を指す。北アルプスに囲まれた山深い地域であり、全体の九十％以上を森林が占め、そこから産する木材を使った家具や飛騨牛をはじめとする農畜産物が全国的に知られている。

飛騨地方の古町というと、高山市の町並み、いわゆる飛騨高山がよく知られているが、高山の北にある飛騨古川もまた、古の風情が漂う古町である。多くの人でにぎわう飛騨高山に比べて、それほど観光地化が進んでいない飛騨古川は、飛騨めぐりの穴場として静かな人気を集めている。

古川の町は、戦国時代、飛騨国高山藩の二代藩主・金森長近《ながちか》が築城した増島《ますしま》城の城下町として開かれた。以来、特に大きな戦乱や災害に見舞われなかったこともあり、城下町としての風情が今もしっかり残っている。

ＪＲ高山本線の飛騨古川駅を降りると、碁盤のような町割りと建ち並ぶ町家の風景が目に飛び込んでくる。駅から南に伸びる大横丁通りを歩けば、遠く見える飛騨山脈の山々を借景に、古い町並みがしっとりと佇んでいる。

中でも白眉は、町の中心を流れる瀬戸川とその川沿いに連なる白壁土蔵の風景だ。重厚な土蔵の前を流れる川には、色鮮やかな鯉が放たれており、道行く人々の歓心を集めている。

しかし、この堀は鯉の放し飼いのためにあるのではない。もともとは、冬に雪かきをして集めた雪を流すためのものだ。雪深い飛騨地方では、このような流雪溝は多くの町につくられていた。古川でも十一月頃から四月頃まで、川の鯉たちは越冬のため、増島城址近くの池に引っ越しをする。

観光客もそれほど多くはなく、静かな時間がゆっくりと流れる飛騨古川の町。だが、年に一度、四月に行われる飛騨古川まつりのときは、全国から多くの人が集まり、町は沸騰する。九台の屋台を巡行させる「屋台行列」、数百人のさらし姿の裸男たちが太鼓を乗せた櫓を担いで練り歩く「起し太鼓」など、古川の町にふさわしい時代絵巻が、二日間にわたって繰り広げられる。

祭りのあとは、何もなかったかのように古川の町はふたたび静寂に包まれる。

瀬戸川と白壁土蔵群

飛騨古川駅
飛騨市美術館
円光寺
飛騨の匠文化館
まつり広場
飛騨古川まつり会館

古町を囲むように流れる荒城川

街中に点在する屋台蔵

大横丁通り

創業300年以上の銘酒「白真弓」の蔵元・蒲酒造

和洋裁附属手芸品

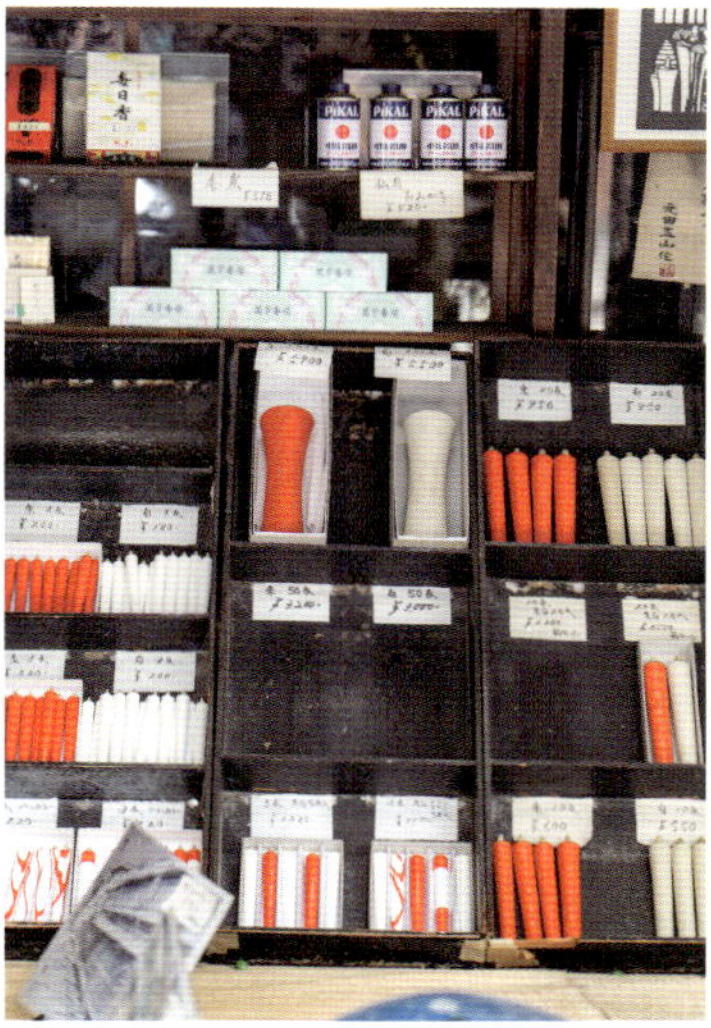

創業240年以上の手作り和そうろくの店「三嶋和ろうそく店」

100年以上の古民家を改装したカフェ「蕪水亭OHAKO」

JR高山本線の飛騨古川駅舎

飛騨古川まちなか観光案内所
住所：飛騨市古川町壱之町8-3
電話：0577-73-7463
営業時間：9:00〜16:00

★飛騨古川への行き方
長野自動車道松本ICより車で約120分
JR高山本線飛騨古川駅より徒歩で約5分

おすすめおやつ

●フレンチトースト

池波正太郎ゆかりの宿蕪水亭が営むカフェOHAKO。レトロな外観が目印だ。薬草料理を提供していて、フレンチトーストも薬草メナモミを使ったオリジナル。甘さの中に心地よい苦みがあり、身体にも良い一品だ。

「蕪水亭OHAKO」
飛騨市古川町壱之町3-22

ノスタルジック商店街

高山本町商店街（高山市本町）

高山祭と地元の生活を支える商店街

伝統的な街並みが残されており、壮麗な山車で知られる高山祭などを目当てに多くの観光客が訪れる高山は、商店街の町でもある。高山駅から徒歩圏内に、重伝建の「さんまち通り」をはじめ「しもいち通り」「国分寺通り」などたくさんの商店街が縦横に張り巡らされている。特に「本町通り」は昔ながらのアーケードが懐かしく、地元向けの店舗が並ぶ生活に密着した商店街だ（商店街は一丁目、二丁目、三丁目で構成される）。商店街の中心にあり、高山祭の例祭の舞台である桜山神社では、八月に絵馬市、二月にだるま市が開かれ、にぎわいを見せる。

馬瀬《まぜ》（下呂市馬瀬西村ほか）

清流を抱いた静かなる癒しの村

県の中央部、東を飛騨山脈、西を白山連峰に囲まれたところに下呂市馬瀬地区（旧馬瀬村）がある。南北に流れる馬瀬川に沿って細長く伸びており、南北に二十八キロメートル、幅四キロメートルという実に小さな区域である。その中に、江戸時代から続く十の集落があり、約四百戸の民家が点在している。馬瀬という地名は、この地域が馬の背のように細長いことから付けられたといわれている。

緑豊かな自然以外には、とりたてて特徴のない地域だが、逆に手つかずに残る山村や里山の姿が、近年は得難い風景として多くの人々の心を摑んでいる。なにより、地域の真ん中を流れる馬瀬川が魅力的だ。清流としても知られ、その透き通った薄緑の川の流れは、見ているだけで心が癒やされていく。

馬瀬川は、鮎釣りのメッカとしても人気を集めている。地元の人々は馬瀬川の様子を「馬瀬七里十里五十淵」と言い表す。里（集落）を縫う流れにいくつもの淵が連続している様を言ったものだ。こうした淵は渓流魚の格好のすみかになるという。この鮎を目当てに、毎年渓流釣りのシーズンともなれば五万人以上の太公望たちが馬瀬川にやってくる。いつもは静かで鄙びた集落が、お祭りのようににぎわう時季だ。

しかも、馬瀬川の鮎は美味であることが広く知られている。身が柔らかく香りが強く、かつては日本一うまいという称号を獲得したこともあるほどだ。これは、馬瀬川流域に石灰岩が多いことが原因で、石灰岩に良質な鮎の餌が生え、カルシウムが溶け出した川が甘くなることで、鮎も美味しくなるらしい。

馬瀬川に沿うように南北に県道が走る。南から北へと車を走らせ、馬瀬西村、馬瀬惣島、馬瀬井谷といった集落を過ぎ、馬瀬名丸あたりで国道二五七号に入って南下すれば、やがて下呂温泉にたどり着く。

下呂温泉といえば、有馬、草津とともに日本三名泉のひとつとされる名泉。その温泉街からは馬瀬は、車で十分程度で訪れることができる。温泉で身体を癒やし、ちょっと足を伸ばして馬瀬川の鮎釣りを楽しみ、馬瀬の自然で心を溶かす——そんな旅もいいかもしれない。

ちなみに渓流釣りの解禁は毎年二月下旬、四月下旬からが本格的なシーズンとなる。

馬瀬川

宿

惣島集落にある八幡神社

★馬瀬への行き方

中央自動車道中津川ICより車で約90分

道の駅 馬瀬 美輝の里

住所：下呂市馬瀬西村1450
電話：0576-47-2133
営業時間：8:00〜17:00、店舗・売店は9:00〜16:00
定休：無休（1/1〜2/2までは土日祝日のみ営業）

コラム

美濃白川茶発祥の地——東白川

飛騨の自然の恵みによって育まれた銘茶の里

全国でも愛飲家の多い「美濃茶」。岐阜県内で作られるお茶の総称だが、この美濃茶はさらに県西部で作られる「美濃いび茶」と県中東部で作られる「美濃白川茶」に分けることができる。

美濃白川茶は、岐阜県美濃地方中央部の山間地域、海抜二百メートル以上の場所で生産される。昼夜の温度差が大きい高地特有の気候によって、お茶の新芽がゆっくり育つ。さらに近くを流れる飛騨川とその支流から立ちこめる朝霧が葉を潤すため、香り高く深みのあるお茶になるという。

この白川茶の発祥の地が、加茂郡の東白川村である。その昔、村内の寺の住職が山城国宇治から茶の実を持ち帰り、里人に与えて茶の栽培を奨めたのが始まりといわれている。貞享元（一六八四）年には藩への御用茶を納めた記録があり、享保年間（一七一六～三五年）以降にも毎年御用茶を納めるなど、この地方屈指の茶の産地であった。

東白川村をめぐると、山の急斜面に茶畑が並んでいるのを見ることができる。日の光を浴びて緑に輝く茶畑は、眺めているだけで清々しい気持ちになってくる。

おすすめランチ

●ハンバーグランチ

ホテルのような快適なキャンプを指す「グランピング」を楽しむリゾート施設にあるカフェ。ランチはハンバーグやカレーなど数種類から選べる。ハンバーグは肉の食感を楽しめる粗挽きで、チーズとソース、肉の相性が抜群。

「CROCE season2」
東白川村神土606

著名人の旧宅を訪ねて

島崎藤村の旧宅
『夜明け前』の舞台となった馬籠宿にある生家の名残り

詩集『若菜集』や小説『破壊』『夜明け前』などで日本の文学界に大きな影響を与えた島崎藤村。明治五年、現在の中津川市馬籠で島崎家の四男三女の末っ子として生まれた。

若手詩人として人気を博した藤村だったが、次第に小説への思いを強くし、教師をする傍ら小説創作に力を注ぐ。上京した翌年の明治三十九年に『破戒』を自費出版。それが多くの作家たちに絶賛され、一躍自然主義文学を代表する作家として認められるようになる。しかし、その後三人の娘が次々と病死するなど、さまざまな不幸に見舞われるが、何とかその悲劇を乗り越え、『夜明け前』の成功によって文壇の大家となった。昭和十八年、神奈川県の大磯の家で一生を終えた。

藤村の生家のあった場所は、現在「藤村記念館」が建っている。その敷地内に、祖母の隠居所として使われていた家が当時のままに残っており、藤村が上京するまで勉強部屋として使われたとされている。

住所 中津川市馬籠4256-1
入館時間 9：00〜17：00（12月〜3月は16：00まで）
休館 12月〜2月の毎週水曜日
料金 大人500円、高大学生400円、小中学生100円

明智《あけち》（恵那市明智町）

大正の町としてよみがえった古き山村

岐阜県恵那市の最南東部、愛知県との県境にある町が明智町《あけちちょう》だ。二〇〇四年の合併以前は明智町として独立していたが、それ以降は恵那市の町名としてその名が残っている。明智、と聞けば、歴史好きならずとも思い出すのが明智光秀。本能寺の変で織田信長を討った人物として知られている。この明智町には光秀ゆかりの場所といわれるところが散見されるが、ここは明智光秀の出身地ではなく、可児市がそうだともいわれている。諸説あって、どれが正しいかは不明だが、町には光秀公産湯の井戸なども残されており、遠い時代の歴史上の人物に思いを馳せるのもまた一興だ。

明智は、江戸時代は飛騨と岡崎を結ぶ南北街道と名古屋から長野までを結ぶ中馬街道が交わる交通の要衝として発展した。特に、中馬街道は、三河湾で作られた塩を山間部まで運ぶための塩の道で、往時には大勢の人々でにぎわいを見せたらしい。

明治になると養蚕製糸業が栄え、大正時代には最盛期を迎える。町の中心部から少し離れたところに「うかれ横丁」という古い町並みがあるが、旅人や馬子を相手に酒やうどんを売る店が並んでいた通りで、大正時代にはここを歩くだけで人々は〝うかれ〟気分になったという。

しかし、昭和に入ると製糸業は下火となった。栄華は遠く昔のこととなり、昭和五十年代に入ると明智町は急速に過疎化していった。寂れてゆく町を復活させるために計画されたのが、明智に大正村を建設することだった。こうして、昭和六十三年に日本大正村が誕生。明智町が一番輝いていた大正時代の建物をそのまま活かして、往時のままの懐かしい町並みを再現。まるでタイムスリップしたような町づくりに成功した。

実際に町を歩いてみると、町庁舎として使われていた大正村役場、大正ロマン館、大正時代館など、大正時代の建物がその時代の空気をしっかりと今に伝えている。特に、白と黒のコントラストが鮮やかな蔵に挟まれた大正路地や絵画館へ続く石畳の道などを歩くと懐かしい気分に包まれてゆく。

さらに、町中を流れる明智川支流の堀沿いには、昔ながらの格子のある家々が建ち並び、風情豊かな景色を目の当たりにすることができる。

町は小さい。一時間もあればぐるりと回ることができる。大正時代の建物と昭和時代の建物をそのまま令和の時代に運んできたような、不思議な味わいのある町散歩はいかがだろうか。

白と黒のコントラストが
美しい大正路地

現在無料休憩所になっている旧村役場の庁舎

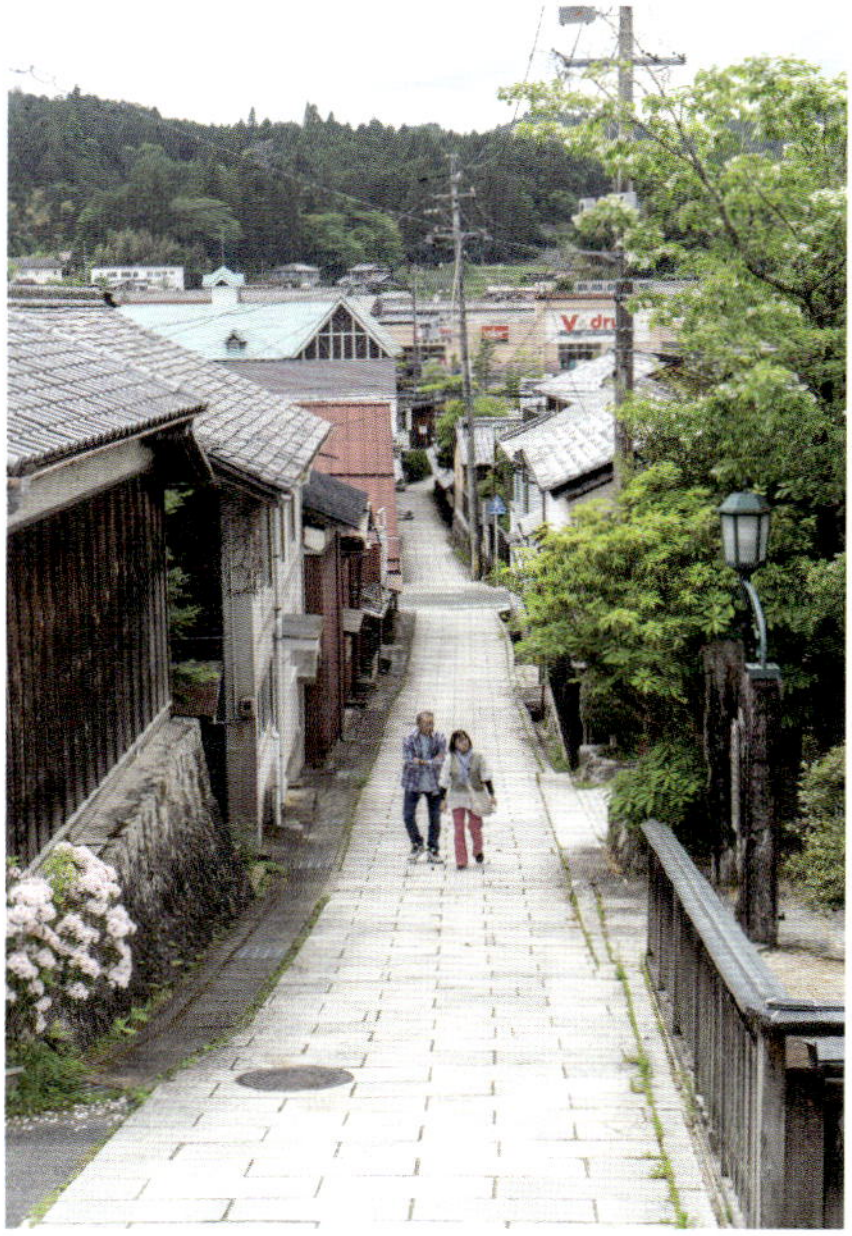

平成6年にオープンした大正ロマン館

ピアノ

往時、多くの人々がうかれ気分になってこの路地を歩いた

明智川沿いに残る彼岸桜の老木。旧遠山邸内にあることから「遠山桜」と呼ばれている

明治の役場と八光館(製糸工場)

元禄元年（1688）に普請された旧三宅家。
江戸時代の姿を今に伝えるかやぶき民家で
内部は無料公開されている

日本大正村
住所：恵那市明智町456-1304-1
電話：0573-54-3944
開館時間：9:00〜17:00（12月15日〜2月末まで　10:00〜16:00）
定休：年末年始

★明智への行き方
中央自動車道恵那ICより車で約40分
明知鉄道明知線明智駅より徒歩で約5分

おすすめランチ

●大正かつ丼

明智の大正村のそばにある地元民が利用する食堂、庵。定番の料理に混じって目を引くのが大正かつ丼。ご飯の上にキャベツ、その上にかつ、その上に特製のデミグラスソースがかかったハイカラな洋食風かつ丼だ。

「庵」
恵那市明智町480-4

名画名作の舞台を訪ねて

『銀河鉄道の父』（恵那市岩村町ほか）

小説　門井慶喜著（二〇一七年）
映画　成島出監督（二〇二三年）

父と息子、そして家族の無償の愛の物語

第一五八回直木賞を受賞した門井慶喜の『銀河鉄道の父』を原作に、『八日目の蝉』や『いのちの停車場』を作った成島出監督が撮った作品。宮沢賢治（菅田将暉）とその父・政次郎（役所広司）との親子の絆と、二人を支えた家族の愛の物語である。

質屋を営む裕福な家庭の長男に生まれた賢治は、跡取りとして大事に育てられる。だが家業を継ぐことを断固として拒み、農業や人造宝石に夢中になり、さらには宗教に傾倒するなど、父・政次郎と母・イチ（坂井真紀）を振り回してゆく。そんなある日、賢治の一番の理解者である妹のトシ（森七菜）が結核で命を落とす。その悲しみの中で、賢治はトシが好きだった物語創作へと入り込んでゆく。書いても書いてもまったく売れない賢治を懸命に支える政次郎。だが、賢治は妹と同じ病気になり、政次郎の懸命な看病も虚しく若くして生涯を終えてしまう。

ロケは、賢治の出身地である岩手県花巻市の風景に似ている岐阜県岩村町で行われた。映画に登場する建物がそのままに残されており、今なおこの映画のファンが数多く訪れている。

京屋家具店
賢治が原稿用紙を買いに来た文房具屋。江戸時代から220年以上続く老舗。

木村邸
江戸中期から末期にかけて栄えた大問屋。江戸時代の町家建築としての様式がしっかりと残る。現在は、資料館として広く公開されている。賢治の実家・質屋の店舗とし使用された。

岩村町の町並み
古き良き面影が残る岩村町の町並み。映画では、岩手県花巻市の町並みとして撮影された。

大湫《おおくて》（瑞浪市大湫町）

ひっそりと佇む四十七番目の宿場町

江戸と京都を結ぶ主要街道として整備された中山道。六十九の宿場町が開かれ、東海道とともに江戸時代の大動脈として人々の暮らしを支えた。岐阜県には、この中山道の宿場町が十七宿あり、馬籠宿などは多くの観光客が訪れる宿場として人気がある。それらの宿場の中でも比較的新しく開設されたのが、現在の大湫にあった大湫宿である。江戸からは四十七番目の宿となっている。「くて」とは湿地の意味であり、大湫もその隣の細久手《ほそくて》も、山間の湿地帯に田を持つ小さな村だった。

細久手から琵琶峠を越えると、水田の中に大湫の町が見えてくる。県道から旧道に入ると復元された高札場があり、ここから大湫宿が始まる。東の寺坂下まで約三百四十メートル。道には枡形や弓形が施され、弧を描くようにゆったりと曲がる道筋は、かつての街道を彷彿とさせる。

街道の両脇には、風情ある家が数多く佇む。中でも脇本陣の保々《ほぼ》家の家、かつての旅籠をそのまま用いた観光案内所の建物、さらには虫籠窓が特長的な門田屋の家屋など、江戸時代の趣をそのまま残しているものも多い。十四代将軍の家茂の和宮降嫁の時には、数万人の行列が大湫宿に泊まったという。この小さな大湫にそれだけの人数が宿泊できるのか、そんなことを考えてしまう。

大湫宿のほぼ中央に、神明《しんめい》神社がある。慶長十三（一六〇八）年に建立されたと伝わる神社で、境内にある御神木（大杉）は、大湫宿のシンボルとして長く人々を見守ってきた。江戸時代にはすでに名所として知られ、江戸中期の狂歌師・太田南畝《おおたなんぽ》（蜀山人）の旅日記に「駅の中なる左の方に大きなる杉の木あり　その元に神明の神社の宮を建つ」と記されている。御神木の根本からは清水が湧き出て「神明の清水」「神明元泉」などとよばれ、地元住民や旅人たちの貴重な水源として親しまれてきた。

ところが、令和二年にこの地を襲った豪雨によって、この御神木が倒れてしまった。高さ四十メートル、幹周り十一メートルの巨樹が一瞬にして失われてしまったのである。現在は、切断した根元部分を立ち上げ、大湫のシンボルとして神社の境内に大切に保存されている。

おそらく、和宮降嫁の行列も眼下に眺めていたであろう神明神社の大杉。その姿は失われても、多くの人々の記憶の中に今も屹立し続けている。

394

宿場町の面影が残る弓形の道

虫籠窓が印象的な旧門田屋の家屋

脇本陣として使われた保々家の屋敷

大湫宿の入口にある高札場

慶長17（1612）年建立の白山神社

慶長13（1608）年に建立された神明神社

★大湫への行き方
中央自動車道恵那ICより車で約30分
中央本線釜戸駅よりバスで約20分大湫コミュニティーセンター下車

旧森川訓行家住宅（丸森）
住所：瑞浪市大湫町445-2
電話：0572-63-2455
開館時間：9:00〜17:00
入館料：無料
定休：年末年始

手力の火祭（てぢからのひまつり）

岐阜市蔵前にある手《て》力《ぢから》雄《お》神社で行われる神事、手力の火祭。江戸時代の資料にも多く確認されていて、三百年以上の歴史があるといわれているが、その起源はよくわかっていないという。

祭りの内容は時代によって変遷がみられるようで、明治時代に盛んだった打ち上げ花火は現在は行われていない。十三町内の行灯奉納に続き、滝花火が始まる。火の粉が滝のように落下する火瀑の下に花火を仕掛けた御輿を引き込み点火させる。境内に爆竹の音が鳴り響き、激しい火の粉が舞う中、上裸の男たちが御輿を担ぎ乱舞する勇壮な祭りだ。祭りは棚上での手筒花火と続き山焼花火で終了する。

開催時期　毎年4月の第2土曜日
開催場所　岐阜市蔵前・手力雄神社
写真提供：岐阜市

重要伝統的建造物群保存地区

白川村荻《おぎ》町《まち》（山村集落）

昭和51年9月4日選定

合掌造りの家屋群が建ち並ぶ白川村荻町は、白川郷と呼ばれて世界文化遺産にも登録されていることから、昔ながらの日本の山村の代表格として世界的にも知られている。江戸中期から盛んに行われるようになった養蚕業と焔硝製造が、荻町の発展を促した。合掌造りのがっしりとした建物が規則的に並ぶ様子と、その周辺の田畑、山林、水路などを含めた自然地形一体となって独特の景観を維持している。合掌造りは茅葺で燃えやすいため、多くの消化用放水銃が備えてあり、年に一度の点検を兼ねた放水は印象的な風景として観光客を楽しませている。

重要伝統的建造物群保存地区

高山市三町《さんまち》（商家町）

昭和54年2月3日選定

高山は古くから飛騨地方の中心地だった。金森氏が城下町として整備したのち、江戸中期には幕府の直轄となり商業の中心としてさらに発展した。飛騨は、古い町並みが魅力と広く知られているが、三町はその中心部、代表格といえるだろう。江戸末期から明治期に建てられた商家の屋敷が軒を連ね、商人の町の趣を今に伝えている。景観のため電線をすべて軒下配線にしたり、蔵を改修したりと保存活動を積極的に行なっている。深い軒を持つ町屋は多くが商店として使われており、飛騨名物などが販売され観光客を楽しませている。

重要伝統的建造物群保存地区

高山市下《しも》二《に》之《の》町《まち》大《おお》新《じん》町《まち》（商家町）

平成16年7月6日選定

高山城の城下町だった飛騨高山。城下町でもあり、のちに幕府の天領となった高山だが、下二之町大新町は越中街道筋の町並みとしても栄えた歴史を持つ。熟練の技術をもった木工たちによる質の高い町家建築は、明治大正昭和を経て今もその威容を残している。同じく重伝建に指定されている三町地区に比べると店舗が少なく、住民生活に密着した生活感のある町並みといえる。

この地区の特徴は、祭りの執行単位である「屋台組」を元にした保存会が結成されていることだ。祭りのため強い結束をもった住民たちが、景観保存や防災など様々な活動に取り組んでいる。

重要伝統的建造物群保存地区

美濃市美濃町（商家町）

平成11年5月13日選定

美濃市美濃町は、戦国武将金森氏により城下町としてつくられた。そのため、一番通りと二番通りをつなぐように走る四本の横道とで構成された整然とした町割りが特徴的だ。この通り沿いに、防火壁でもある「うだつ」を備えた切妻平入の町家が建ち並んでいる。うだつには意匠が凝らされ、装飾性が強い意味を持つようになり、次第に富の象徴として知られるようになった。旧今井邸のあたりは特に古い形態を残しており、江戸時代の町並み景観をよく残している。通りから見えるうだつの町並みもさることながら、建物内部に見られる店の構えや庭のつくりにより当時の生活や商人文化の様子がうかがえる。

重要伝統的建造物群保存地区

恵那市岩村町本通り（商家町）

平成10年4月17日選定

岩村町は中世の山城、岩村城の城下町だった。日本三大山城、女城主の城としても知られる。江戸時代には岩村藩の中心となったが、むしろ東濃地方の経済、文化の中心とした栄えた側面を持ち、町並みは商家町として重伝建に登録されている。

なかでも本通りは往時の繁栄を偲ばせる重厚な主屋や土蔵が建ち並び、木村邸や土佐邸など名のある旧家は一般公開もしている。明治時代には鉄道が通り急速に発展したため、ある地点を境に江戸の町並みと明治大正の町並みにわかれているのも他にはない貴重な特徴といえる。

重要伝統的建造物群保存地区

郡上市郡《ぐ》上《じょう》八《はち》幡《まん》北《きた》町《まち》（城下町）

平成24年12月28日選定

戦国時代、八幡山に構えた陣営が起源となり山上に砦が築かれた。それが郡上八幡城となり、織田や豊臣の家臣だった遠藤氏の支配を経て、江戸時代は郡上藩の中心であり続けた。現在の郡上八幡の町は、その城下町が元になっている。山頂に城をいただく八幡山とふたつの川に囲まれた自然地形を利用した城下町だ。

武家町だった一帯は細分化して町家が建てられたが、町人町は地割を継承していて、城下町らしい町並みと、豊富な湧水を活かした水路が一体となった独特の景観が今も残されている。

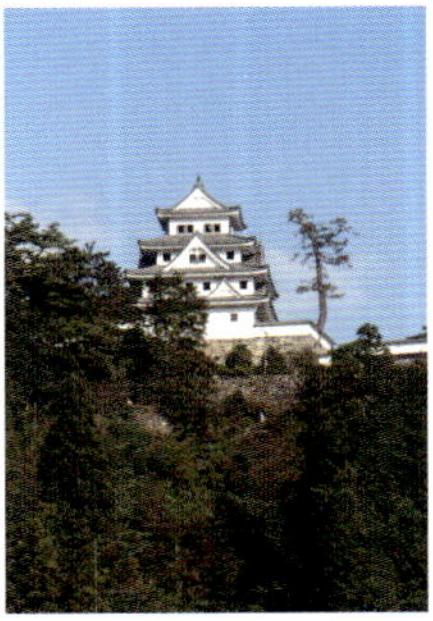

福井

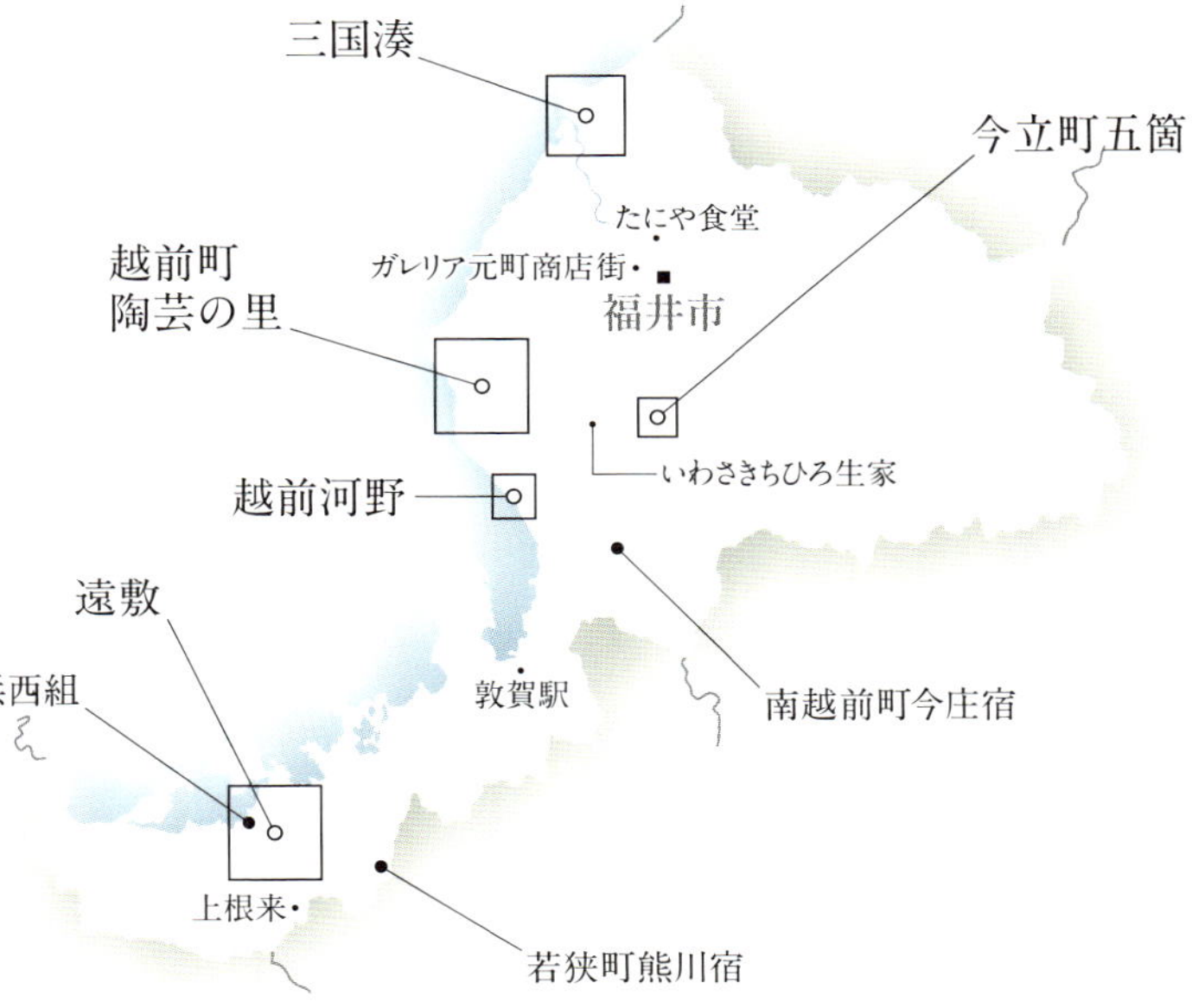

三国湊
たにや食堂
ガレリア元町商店街
福井市
今立町五箇
越前町
陶芸の里
いわさきちひろ生家
越前河野
遠敷
小浜市小浜西組
敦賀駅
南越前町今庄宿
上根来
若狭町熊川宿

遠《お》敷《にゅう》（小浜市遠敷）

江戸・明治築の重厚な平入りが建ち並ぶレトロな町並み

福井県の難読地名ベスト5に挙がっているこの地名、「おにゅう」と読む。歴史はかなり古く、飛鳥時代にはすでに若狭一帯の文化の中心地であり、東西に丹後街道が走る往来拠点として栄えていて、当時は「おにふ」と呼ばれていた。昔は漢字では「小丹生」と書いていたが、和銅五（七一三）年の「好字二字令」により、遠敷の字が当てられたといわれている。*

それにしても素人考えでは、「おにゅう」に「遠敷」という漢字を当てるのはいささか無理があるような気がするのだが、今のところ納得できる解説は見当たらず……。

それはともかくとして、遠敷は商業の中心地としてだけでなく、養老五（七二一）年創建の若狭一の宮をいただく門前市の町としての顔も持っている。若狭一の宮は上社と下社の総称で、上社を「若狭彦神社」、下社を「若狭姫神社」と呼んでいる。元々は上社が祭祀の中心だったが、室町時代ごろから下社に移り、現在ではほとんどの祭事は下社の若狭姫神社で行われ、神職も下社にのみ常駐している。

遠敷では、姫神社に中心が移った室町期から毎日門前市が開かれ、商業の町としてのにぎわいは隣接する小浜を凌ぐほどだったという。全盛期には全戸数の約三分の一が商業に従事していたというから相当なものである。

しかしその後は小浜がどんどん発展していったため、商業の中心は次第に小浜に移っていくことになる。だがそれでも、昭和初期までは、街道筋の町としての遠敷の価値はまだ失われていなかった。しかし昭和中期からの高度経済成長期以降、小浜にほとんどその地位を奪われ、遠敷の町は急激に衰退していった。

現在の遠敷は、大都市小浜のベッドタウン的な場所になりつつあるが、今も旧丹後街道沿いには昔ながらの商業町の面影が色濃く残っている。江戸後期から明治期にかけて建てられた重厚な商家の建物は、間口を広々ととった平入り切り妻造りの見事な家々で、繁栄を極めた往時の様子を偲ばせる。

重伝建に認定されてもおかしくないレトロで美しい町並みだが、あまり積極的にピーアールもしていないようで、観光客もほとんどいない。そんな静かな雰囲気の中、広くて高い青空の下で、ゆったりとした平入りの古い邸宅が並ぶ道を歩いていると、何だか懐かしくて、古き良き時代の街道をそぞろ歩きしているような気分になる。JR東小浜駅から歩いてほんの七分ばかり。穴場をお探しの方にはぜひお勧めしたい町である。

＊＝「好字二字令」とは、それまで一文字や三文字だった地名の表記も全て二文字に統一するよう発せられたもので、例えば馬→群馬、中→那珂、北→喜多、明日香→飛鳥のように変えられた

「ガッタリ」と呼ばれる床机のある家

赤い千本格子が美しい

スピード
落とせ

福井ふるさと茶屋
清右エ門

ふるさと茶屋「清右エ門」。築200年の古民家で、
観光客の休憩処として利用されている

左／若狭一宮「若狭姫神社」。養老5(721)年に創建された。祭神は豊玉姫命
右／若狭姫神社の大鳥居

福井県立若狭歴史博物館
住所：小浜市遠敷2-104
電話：0770-56-0525
開館時間：9:00～17:00（入館は16:30まで）
定休：年末年始、指定日
料金：一般310円、高校生以下、70歳以上は無料

★遠敷への行き方
舞鶴若狭自動車道小浜ICより車で約5分
JR小浜線東小浜駅から徒歩で約10分

おすすめランチ

●おくどさんランチ
料理の90％以上を地元の食材で作っている道の駅のレストラン。「おくどさんランチ」はそんな食材を使ったお惣菜が盛り沢山の定食。「おくどさん」とはご飯を炊くかまどのこと。羽釜で炊いた美味しいご飯と家庭的な味を満喫できる。

「和久里のごはんや おくどさん」
小浜市和久里24-45-2

コラム

今も手厚く保存されている美しい無人の村「上根来《かみねごり》集落」

上根来集落は、小浜市中心部から南へ約十三キロ、遠敷の町からは車で二十分足らず、標高三百メートルの山中にある。昔は鯖街道の針畑越えの峠道の拠点であり、街道の背負い（鯖街道では、小浜から京まで一昼夜かけて海産物を入れた籠を背負って歩いた）の取次ぎを引き受けていたという。

かつては炭焼きや林業、畜産などを営み、最盛期には人口三百人を数える時もあった。しかし豪雪地帯のせいもあって産業が定着せず、次第に住民たちの離村が進み、二〇一〇年代に完全に無人となった。

だが現在の上根来集落は、どの家も庭も非常に綺麗に保たれていて、無人の村とは思えない。伝統的家屋の保持だけでなく、神社や森や畑まで美しく守られている。これは、麓に移り住んだかつての住民たちが定期的に手入れをしているため。またボランティアによってゲストハウスも運営され、ベンチや休憩所なども整備されている。現在、主屋は十五棟ほど残っていて、そのうちの七棟は茅葺民家。傾斜地に点在しているため、家や蔵は土台を石垣で固め、見るからに堅牢。蔵が多く、どの蔵も大雪に備えて一メートルほどもある深い軒を備えている。

こんなにも絵になる美しい集落が、使われないまま眠っているなんてあまりにももったいないない、というのが正直な感想。何か有効な利用方法がないものか、ぜひ関係者の皆さんに検討していただきたいものである。

名画名作の舞台を訪ねて

『夜叉《やしゃ》』

映画　降旗康男監督（一九八五年）

裏社会に生きる男と女の悲哀を盛り上げる
荒れ狂う冬の日本海の雪景色

大阪ミナミで「人斬り夜叉」と呼ばれて恐れられた伝説の男・修治は、暴力団のシノギの中心が覚醒剤になってきたことを嫌ってヤクザから足を洗い、若狭の小さな漁村で漁師となって第二の人生を歩み始める。それから十五年、妻子と共に平穏な暮らしをしていた。

　そんな冬のある日、ミナミから螢子という子連れの女が流れてきて、橋のたもとで「蛍」という小料理屋を開く。暗い過去を背負っているらしい螢子の、少し崩れた怪しい魅力に、修治は次第に心動かされていく。そこへ螢子のヒモのヤクザ、矢島が現れ、修治は彼の抱えたトラブルに巻き込まれ、再び古巣のミナミへ舞い戻

内海と外海を結ぶ水路に架かる石造のアーチ橋「日向橋」。螢子が営む小料理屋「蛍」は、この橋のたもとにあった。店は撮影用に建てられたセットなので、現在はない。

ることになる——
　主演の修治を高倉健、螢子を田中裕子、矢島をビートたけしが演じ、福井県美浜町の日向と敦賀市の敦賀駅などで、一九八四年の年末から八五年の二月まで、雪の中で撮影が行われた。荒れ狂う冬の日本海と小漁村の深い雪景色が、モノクロ映画のような単調な色彩で描かれ、裏社会を生きる男と女のドラマを盛り上げている秀作である。

敦賀駅のホームは、映画の中でたびたび登場する主要な場所である。

防波堤の端にある小さな赤灯台。町へ着いたばかりの螢子が、ここへきて幼い息子と冬の海を眺めるシーンに使われた。

越《え》前《ちぜん》河《こう》野《の》（南条郡南越前町河野）

「北前船主通り」で、かつてお宝と幸せを運んだ男たちを偲ぶ

初っ端から演歌の話で恐縮だが、五木ひろしの『北前船』という歌をご存知だろうか。

日本海いく　希望の船は　夢を積み荷の　千石船だ（中略）
お宝お宝　ヨーイトセー　しあわせ運んで　北前船　　（石原信一作詞）

という、実に景気の良さそうな歌詞なのだが、実際、全盛期の北前船は、日本海沿岸にお宝と幸せを運んでくれる船だった。北前船とは、江戸中期から明治三十年頃にかけて、大阪と蝦夷地を結ぶ日本海廻りで、途中の各港で商いをしながら往復した廻船のことである。この商いで巨万の富を築いたといわれる五大船主の一人に、右近権左衛門という人物がいる。右近家は天明・寛政の頃から活躍し、全盛期には三十余隻を所有。だがこの右近家、面白いことに、その後北前船が衰退してくると蒸気船を導入して海運の近代化を進めると共に、事業の転換を図り、海上保険業に進出して日本海上保険（株）を設立。損害保険ジャパン（株）として現在も続いている。

南越前町河野は、この右近家を始めとする北前船の船主たちが生きた町である。そして贅を尽くした船主たちの豪勢な屋敷が今も残る、約二百メートルに及ぶ「河野北前船主通り」がある。現在は海岸線が埋め立てられ、拡張整備された国道三〇五号線が河野の主要道路になっているが、この国道沿いに観光客用の広い無料駐車場がある。船主通りは非常に狭い通りなので、散策する際はここに車を停めて歩くことになる。

駐車場を出て国道を渡ると、そこには立派な門構えと「北前船主の館　右近家」と書かれた看板があり、奥には広大な屋敷が鎮座している。門から右近家の私有地に入ることになるのだが、実はここが船主通りの集落の入り口になっている。というのも、この通りは断層海岸地形で断層崖が海に落ち込む崖下の狭小な平地にあり、家屋は海岸に沿って帯のように連なる。船主邸はどの屋敷も、海への畏敬の念を表すために海に向かって（現在は国道沿いに）門を構え、また海から吹き寄せる海風をさえぎるために海側に土蔵を建て、山側に主屋を配置し、前庭に根を張るモチの大木を植える、などの共通の造作が見られる。そしてこの海側の建物と山側の建物との間の通路が、船主通りという公共の通りになっているのだ。だから観光客は、人の家の中を散策しているような不思議な感覚になる。これが船主通りの大きな特徴で、他にはない独特の景観を作り出しているといえよう。

河野の集落は平成二十九年に文化庁から「日本遺産」に認定されたが、まだまだ観光客は少なく、平日など殆ど人に会わずに集落内をゆっくり散策することができる。

河野北前船主通りの入り口

右近家は「北前船主の館」として公開されている。屋敷内が見学でき、北前船関係資料などが展示されている

右近権左衛門家。江戸時代の構えを基本に、明治34年に建て替えられた

船主通りは細い路地

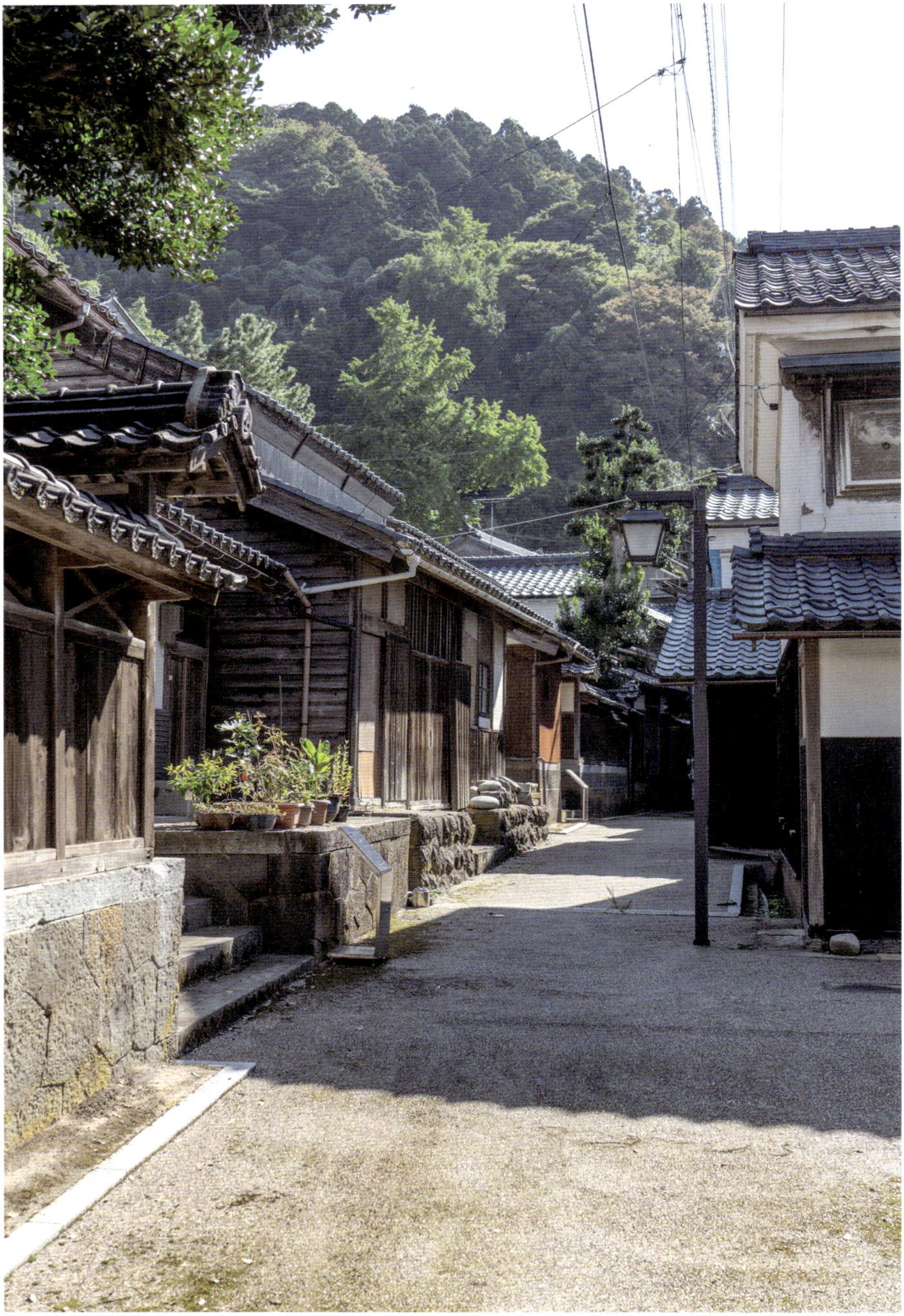

中村家。右近家と共に日本海有数の北前船主

刀禰家。明治37年築の北前船主の邸宅

河野の町並み

漁民でにぎわう河野漁港

海岸に北前船の模型が展示されている

北前船主の館　右近家

住所：南条郡南越前町河野2-15
電話：0778-48-2196
営業時間：9:00～16:00
定休：水曜日、年末年始
料金：大人500円、子供300円

今立町五箇《いまだてちょうごか》（越前市定友町・新在家町《しんざいけ》・岩本町・大滝町・不老町《おいず》）

紙祖・川上御前に守られる、日本の製紙発祥の里

旧今立町の五箇地区は、約千五百年前から製紙業で発達してきた町である。美濃・土佐と並んで越前和紙の名は全国的に知られているが、この地区がその生産の中心地である。「越前和紙の里」と呼ばれるこの地区は、JR武生駅から車で約二十分。「パピルス館」「卯立の工芸館」「紙の文化博物館」の三つの施設をつなぐシンボルロード「和紙の里通り」は全長二百三十メートルの石畳の道で、両側には街路樹が並び、伝統的家屋が連なっている。またここから十分ばかり歩くと、岡太川《おかもと》に沿って六百メートルほどの町並みが続く。ここが五箇地区の和紙づくりを支えてきた古くからの通り。歩いていると、あちこちの家々から和紙を漉く音が聞こえ、和紙特有の匂いが漂ってくる。それまで紙の匂いというものを意識したことはなかったが、昔ながらの製法で漉かれた出来たての和紙はかなり強い原料の匂いがする。この町ならではの匂いだ。

さて、この町並みをさらに東の方へ歩くと、五分ほどで赤い大きな鳥居に迎えられる。

紙祖神と呼ばれる岡太神社は約千五百年前に創建され、紙祖とされる川上御前を祀っている。千五百年前のある日、岡太川の上流の宮ヶ谷という村に、ひとりの美しい女性が現れ、「この村里は谷あいで田畑が少なく、暮らしにくいところです。でも水清らかな谷川と、緑深い山々に恵まれています。紙漉きを生業とすれば暮らしが楽になるでしょう」と言い、里人たちに紙の漉き方を教えた。里人が「あなた様はどなた様ですか？」と尋ねると、「岡太川の川上に住む者です」と答えて立ち去った。以来、人々はこの美しい女性を「川上御前」と呼んで紙祖神として岡太神社に祀った――。これが我が国における製紙の始まりと伝えられている。

岡太神社と並び建つ大滝神社は、鎌倉時代、和紙の製造や販売について中央から特権が与えられた「紙座」が置かれた神社である。この二つの神社の社殿は一つで、その屋根は日本一複雑な構造の屋根として知られている。

越前和紙の凄さを言葉で簡単に説明するのは難しいが、肌が滑らかで書きやすく、紙質も引きしまっていて虫害に強く、耐久力があるのが特徴である。代表的な銘柄の「鳥の子」は、ジンチョウゲ科の雁皮を原料とし、奈良時代から漉かれてきた和紙で、国の重要無形文化財に指定され、昔から最高品質の「紙の王」といわれている。また、お札に使われる「透かし」の技術を開発したのも越前和紙職人で、日本で初めてお札を作ったのも福井藩である。このように数々の栄光の歴史を重ねながら、五箇地区は現在も、質・種類・量ともに全国一の和紙産地としてあり続けている。

和紙の里の「卯立の工芸館」では、伝統工芸士が昔ながらの和紙を漉く一連の工程を実演して見せてくれる

五箇の町並

岡太神社、大瀧神社の本殿・拝殿の複合社殿。檜皮葺きの屋根が4層重なったユニークな形で、国の重要文化財に指定されている

★今立町五箇への行き方
北陸自動車道武生ICより車で約10分
JR北陸新幹線越前たけふ駅よりバスで約45分和紙の里下車

卯立の工芸館
住所：越前市新在家町9-21-2
電話：0778-43-7800
開館時間：9:30〜17:00（入館は16:30まで）
定休：火曜日（祝日の場合は翌日）、年末年始
入館料：大人300円、高校生以下無料

著名人の生家を訪ねて

いわさきちひろ生家（「ちひろの生まれた家」記念館）

「子どもの幸せと平和」を生涯のテーマとした童画家の原点

武生の駅から歩いて約十分、旧北陸道から東に入った路地に、昔ながらの古い町家がある。かつて質屋・古着商を営んでいた商家で、ここの離れでいわさきちひろは生まれた。子供の頃から絵を描くのが得意だったちひろは、十四歳の時、岡田三郎助の元でデッサンや油絵を学び、朱葉会の展覧会で入賞したが、その後は長く絵から離れた人生を歩む。

二十七歳の時、日本共産党の演説に共感して入党し、上京。人民新聞社の記者として働きながら、丸木俊に師事してデッサンを学ぶ。画家として自立したのは昭和二十四年、三十歳の時。紙芝居「お母さんの話」からである。その年、八歳下の日本共産党員だった松本善明と出会い、結婚。男の子（随筆家・松本猛）が生まれ、のちに衆議院議員となった夫を支えながら、童画家として独自の画風を確立していった。

生涯「子どもの幸せと平和」を願い、原爆やベトナム戦争で傷つき死んでいった子どもたちに心を寄せる作品を描き続けた。昭和四十九年八月八日、肝臓ガンのため死去した。享年五十五歳。

住所 越前市天王町4-14
入館料 一般300円。高校生以下無料
開館時間 10時～16時
休館日 毎週火曜（祝日の場合は翌日）、年末年始

新庄の八朔祭り（しんじょうのはっさくまつり）

福井では奇祭として知られる新庄の八朔祭り。八朔とは旧暦八月一日のことで、日吉神社に集まり五穀豊穣を祈る祭事なのだが、特徴的なのは天狗の存在だ。

山間部の集落の人々は東字と西字に分かれ、朱塗りの樽神輿を担ぎ集落内を練り歩く。その間、男根を模した神棒を持った天狗が女性をその神棒で突っつこうと追いかけまわす。東は黒天狗、西は赤天狗だ。女性たちは笑いながら逃げ回り、観衆はあたたかくその様子を見守っている。天狗に突つかれると子宝に恵まれるという言い伝えがあるという。

開催時期　毎年9月第1日曜
開催場所　美浜町新庄
写真提供：美浜町

越《えち》前《ぜん》町《ちょう》 陶《とう》芸《げい》の里《さと》（丹生郡越前町　小曽原《おぞわら》・宮崎・織田《おた》ほか）

絶滅の危機から奇跡的復活を遂げた不死鳥「越前焼」

「日本六古窯」とは日本古来の陶磁器窯のうち、中世から現在まで続いている代表的な六つの窯の総称で、日本遺産にも登録されている。一千年に渡って各地で育まれた陶芸の技術・文化を見直し評価するとともに、朝鮮半島や中国からの渡来人の技術により開始された近世以来の窯と区別する意義もあるといわれている。

六古窯とは、越前・瀬戸・常滑・信楽・丹波・備前。ここで紹介する越前焼は、六つの中で唯一日本海に面した産地の焼物である。越前焼は、今から約八百五十年前の平安時代末期から始まった。往時は水がめ（水や穀物用）やすり鉢などの日用雑器、屋根瓦などを大量に生産していたらしく、現在までに二百基以上の窯跡が発見されている。

鉄分を多く含む良質な土に恵まれるこの地の焼物は、江戸時代には越前海岸から北前船によって、北は北海道、南は島根県まで広く日本海沿岸に広まり、大きな壺やかめは、水や穀物の貯蔵や染め物用に重宝された。こうして越前焼は日本海最大の窯業産地として発展していったのである。

だが、明治期になって水道が普及し、磁器製品が広まってくると、徐々に需要が落ち込み、明治末から大正にかけて窯元の廃業が続出、越前焼は絶滅の危機に陥った。その後再び息を吹き返したのは戦後になってからである。地元の研究者・水野九右衛門と陶磁器研究者の小山冨士夫によって発掘調査と研究が進められ、越前焼は「日本六古窯」の一つに数えられることになり、全国に知られることとなった。そしてこれをきっかけに、県内各地で個々に呼称されていた焼物の名称を「越前焼」に統一することも決定し、多くの陶芸家たちが再びこの地に結集することになった。

元々越前焼は郷土の土を生かした頑丈な作りと素朴な温かみが魅力だ。また釉薬を使わず、千三百度以上の高熱で焼いた時、薪の灰が器に流れ出し粘土に溶け込んで発生する自然釉が特徴で、これにより渋く味わいのある民芸的美しさも備わる。この伝統的手法は今も引き継がれ、シンプルだが丈夫で飽きのこない焼物として愛されている。

越前焼の里を歩くにはまず越前陶芸村を訪れると良い。小曽原地区にある越前焼の総合施設で、広大な公園の中に陶芸館や文化交流館、直売所などがあり、食堂や宿泊施設も揃っている。ここだけでも丸一日楽しめるという一大観光地だ。窯元は小曽原のほか宮崎・織田地区などに点在している。飛び込みでも仕事場を見せてくれる窯元もあるが、事前に連絡しておいた方がゆっくり見学できる。窯元リストや連絡先は陶芸村で配布しているパンフレットに記載されているので、参考にすると良いだろう。

陶芸村エリアにある「越前焼の館」

「越前焼の館」の内部。窯元の商品を展示販売している

2023 越前窯
薪窯焼成新作展
9/15~11/12
Gallery CUBE

赤煉瓦の煙突が美しい窯元

窯元は山里に点在している

織田地区にある「椿窯」

福井県陶芸館

住所：丹生郡越前町小曽原120-61

電話：0778-32-2174

開館時間：9:00～17:00（入館は16:30まで）

定休：月曜日（祝日の場合は翌日）、年末年始

料金：一般300円、高校生まで・70歳以上の方、障害者手をお持ちの方とその介助者1名は無料

おすすめランチ

●海の幸丼

「えちぜん」は、北陸越前の新鮮な海の幸が堪能できる漁師直営の食事処。越前漁港の目の前にある。シーズン中は越前がにがおすすめ。海の幸丼やお造り定食は一年中、旬の魚が味わえる。

「海の幸食処えちぜん」
越前町小樟3-81

ノスタルジック商店街

ガレリア元町商店街（福井市中央）

地元民に愛される全天候型商店街

イタリア語で「屋根のある」という意味の「ガレリア」を冠した元町商店街。全蓋型のアーケードは現在のが二代目で、初代は昭和三十年代に設置されたという。商店街の前身である「日の出公設市場」の頃から数えると商店街の歴史は八十年を超える。福井駅から徒歩約三分の近さに位置し、約一〇〇メートルと距離は短いが、新栄商店街など横道や路地に寄り道するのも楽しい。商店街の先は飲食店の多い元町通り、もとまち横丁へと続いているため、夜にはまた違った表情を見せる。

わが町自慢の
市場食堂

たにや食堂（福井市大和田1-101　中央卸売市場）
中央市場の一角のレトロな老舗食堂

福井中央卸売市場の中で、特ににぎわいを見せているのは、市場が四十周年を機に場内の一部を一般のお客向けに「ふくい鮮市場」として開放したエリアだ。食材を買い求める市民と食事が目当ての観光客がひっきりなしに訪れる。

「たにや食堂」は老舗の食堂で、昔から市場で働く人々のために早朝暗い時間から営業してきた。メニューはおひたしや煮込み、焼き魚、そばうどんに丼ものと、毎日通っても飽きないラインナップ。特に長年愛されているおでんを食べに来る常連も多いという。他にも懐かしい食堂や海鮮が楽しめる店などが軒を連ねており、穴場の観光スポットとしておすすめだ。

営業時間
8：30〜14：30
日曜・祝日・市場が定める定休

三国湊《みくにみなと》（坂井市三国町北本町ほか）

帯のように狭く長い町並みにレトロな建物が建ち並ぶ

福井県のシンボル九頭竜川《くずりゅうがわ》の河口に位置する三国湊は、千年以上の歴史を有する町である。古来から九頭竜川やその支流である竹田川や足羽川などを使った河川の舟運が盛んで、また日本海に面していることから、越前地方一帯の物資を川で輸送し、それらを他の地域へ運ぶ物流の拠点として繁栄した。

江戸中期には大坂と北海道を結ぶ北前船交易が始まり、三国でも廻船業が盛んになる。さらに江戸後期には次々に豪商が生まれ、三国は日本海有数の北前船の寄港地として大きく発展していった。当時四十軒以上もあったという遊女屋や置屋が建ち並んでいた花街は、江戸末期の全国遊郭番付表で品川と四ツ谷新宿の間に載るほどのにぎわいで、『浮世草子』の作者・井原西鶴は、三国の花街を「北国にまれな色里」と讃えた。

明治になってからもしばらくその繁栄は続いたが、やがて鉄道が開通し、物流の主役が船から鉄道へ移り始めると、次第にその勢いは衰えていった。そしてその後の三国は、急速に港町としての機能を失い、やがて静かな漁港の町として歩んでゆくことになる。こうして大正・昭和と時が流れ、その間三国は時間が止まった歳月を過ごす。

ところが最近になって、その情緒あふれるノスタルジックな町並みが見直され、再び注目を浴びるようになった。今も三国の町には、北前船で栄えた江戸時代からの湊町ならではの、華やかな昔を偲ばせる古い建物や神社仏閣が数多く残っている。

昔から三国の花街に伝えられてきた「三國節」に、こんな歌詞が唄われている。

三国三国と通う奴ぁ馬鹿よ　(ご苦労なことだ)
帯の幅ほどある町を　(帯のように幅が狭くて横に長い町並みを)

確かに三国の町並みは、ひたすら狭くて長い。そのひょろ長い通り沿いに、豪商・岸名家の豪勢な邸宅、県内現存最古の鉄筋コンクリートの西洋建築である旧森田銀行本店をはじめ、往時の面影を色濃く残す、格子戸を連ねた町家や商家、蔵などが建ち並ぶ。若い人たちの間でも、近頃では「三国レトロ」と呼ばれて人気が高まっているようだ。

最後に、三国のお勧め絶景ポイントをもうひとつ。

それは「世界三大奇勝」に数えられる「東尋坊」である。東尋坊は約千三百万年前にマグマが地表近くまで上昇し、地中で冷えて固まった大規模な柱状節理で、約一キロにわたり海岸線に広がるダイナミックな姿は、他所では見られない素晴らしい景観である。

三国を訪れた際には、ぜひ足を伸ばして立ち寄ってほしい。東尋坊に至る商店街も、食べ歩きができる海鮮グルメが揃っていてお勧めである。

北前船交易で財を成した材木商の岸名家の屋敷。妻入り屋根の正面に平入り下屋がつく「かぐら建て」と呼ばれる三國独特の建築様式が特徴

旧岸名邸の内部

旧森田銀行本店

旧森田銀行本店の内部

旧商家を改築した三国湊町家館

細く長い道に沿って古い建物が建ち並ぶ

福井のお土産
suvenir
器 pottery
箸 chopsticks

三国漁港

約1キロに及ぶ大規模な柱状節理「東尋坊」

東尋坊の崖の前まで約300mにわたって続く「東尋坊商店街」

三国漁港で水揚げされた新鮮な魚介が店頭に並ぶ

★三国湊への行き方
北陸自動車道丸岡ICより車で約30分
えちぜん鉄道三国駅から徒歩で約10分

三国湊町家館
住所：坂井市三国町北本町4-6-55
開館時間：9：00～17：00
定休：水曜日、年末年始

重要伝統的建造物群保存地区

小《お》浜《ばま》市小浜西《にし》組《ぐみ》（商家町、茶屋町）

平成20年6月9日選定

小浜は古くから地域屈指の港町として栄え、若狭の中心であった。江戸時代に入り京極家が城下町として町を整備した際、小浜は町人のまちとして東、中、西の三組に分けられた。重伝建に指定された西組は、小浜湾近くを通る丹後街道沿いに商家の家並みが残り、後瀬山麓には寺町、西側には茶屋町が形成された地区。中世以降の地割をよく残しており、近世から近代にかけての様々な特色をもつ伝統的な建物が併存する貴重な歴史的風致といえる。

重要伝統的建造物群保存地区

南越前町今《いま》庄宿《じょうじゅく》（宿場町）

令和3年8月2日選定

福井県山間部の豪雪地帯に位置する今庄は、北国街道の宿場町として江戸時代に成立し、北陸の玄関口として栄えた。宿場町は、明治期以降はその機能が失われたり町の在りようが変わることが多いが、今庄は明治以降も鉄道の町、交通の要衝として引き続き地域の中心であり続けた。そのため街道沿いには江戸時代から昭和初期の様々な年代に建てられた町家が建ち並び、今庄独特の雪囲いも残るなど豪雪地帯特有の宿場町の景観を今に伝えている。また今庄は酒造の町でもあり、現在でも三つの造り酒屋が営業している。

重要伝統的建造物群保存地区

若狭町熊《くま》川《がわ》宿《じゅく》（宿場町）

平成8年7月9日選定

戦国時代、浅井長政が重要な拠点と定めて宿場を開いて以来、江戸時代を通じて京都と小浜と結ぶ若狭街道の重要拠点であった熊川宿。人や物資の中継地として大いに栄えた。街道に沿って用水路が備えられているのが特徴で、水路には石橋が架かり、ところどころに「かわと」と呼ばれる洗い場が設置されるなど、独特の景観を作り出している。江戸時代から大正に建てられた伝統的な商家や町家、土蔵の町並みが往時を偲ばせる。古民家を利用したカフェや宿も営まれ、古い時代の情緒を残したまま人気の観光地としての町づくりが続けられている。

石川

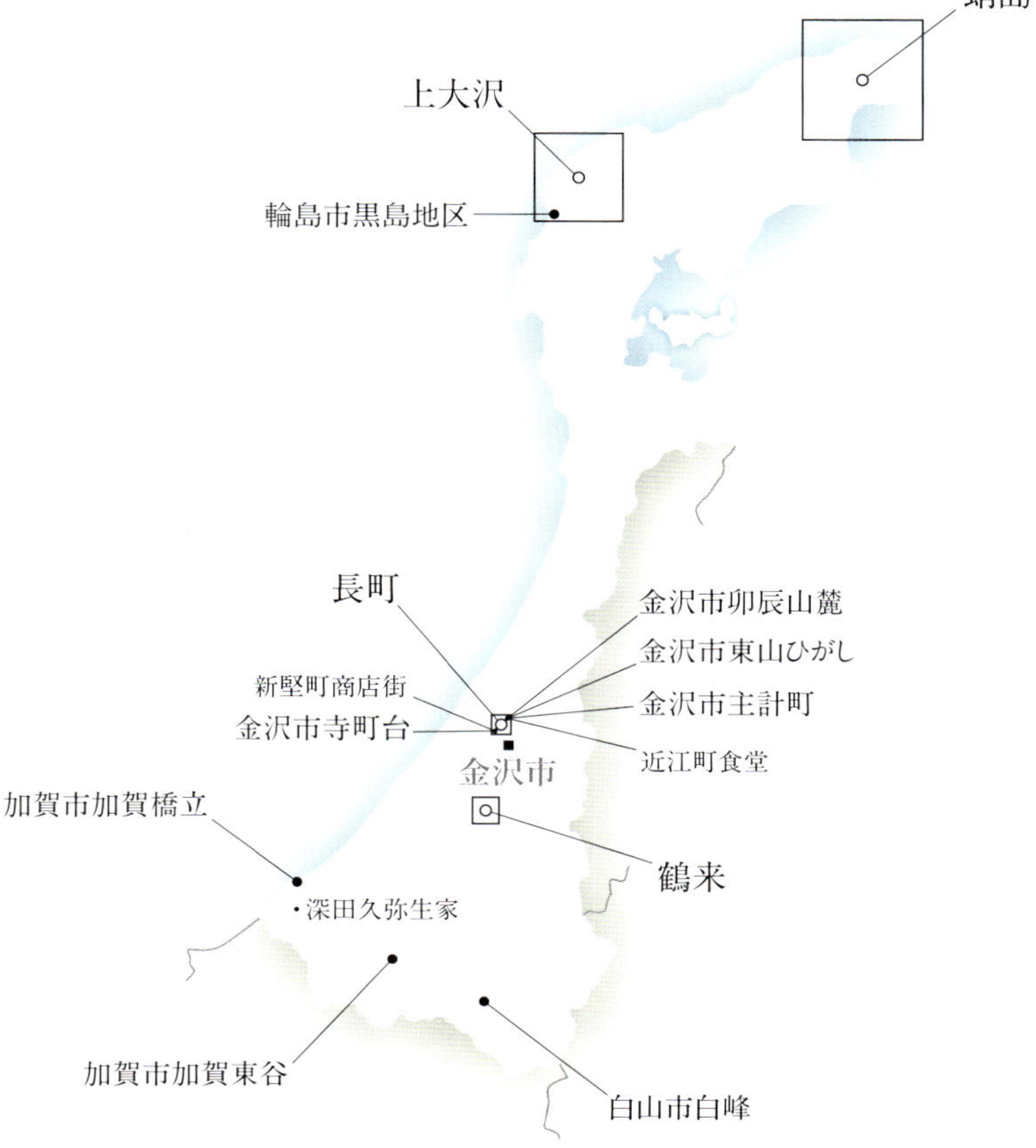

蛸島
上大沢
輪島市黒島地区
長町
金沢市卯辰山麓
金沢市東山ひがし
新堅町商店街
金沢市主計町
金沢市寺町台
近江町食堂
金沢市
加賀市加賀橋立
鶴来
・深田久弥生家
加賀市加賀東谷
白山市白峰

上《かみ》大《おお》沢《ざわ》（輪島市上大沢町）

奥能登の原風景が残る間垣《まがき》の里

能登半島の中でも特に地形が急峻な北西端、いわゆる外浦と呼ばれる沿岸地域に上大沢集落はある。海に面した入江の奥、西二又川《にしふたまたがわ》という川に沿うように数十戸の家屋が建ち並ぶ。特異なのは、五メートルほどはあろうかと思われる竹垣が、それらの家屋をぐるりと囲んでいることだ。これが、奥能登の原風景ともいわれている間垣集落である。

上大沢集落は北を除く三方を山で囲まれているため、海から強い風が吹きつけてくる。冬ともなれば雪混じりの北風が集落内に吹き込み家屋を直撃、家の外に出ることも難しくなる。そこで、間垣と呼ばれる垣根で集落全体を囲むことが考えられた。

間垣があると、冬は日本海から吹きつける季節風から家屋を守り、夏は暑い日差しが遮られるといった効果がある。間垣は、翌檜《あすなろ》の木で組まれた骨組みに、ニガタケを差し込んで築かれる。竹を並べた間垣には隙間があり、そこを風が抜け、竹はしなるため風で飛ばされる心配もない。古いニガタケは夏になると朽ちていき、猛暑のころには適度な隙間ができて風通しが良くなるというわけだ。

材料となるニガタケはかつては集落の周囲に群生していたが、最近は遠くの山まで採りに行く必要がある。間垣はほぼ毎年、冬が始まる前に補修され、昔は秋の稲刈りが終わったあとに行われていたらしい。

上大沢を訪ねた十一月、ちょうど集落の人々が補修のためのニガタケを切っていた。以前はそれこそ集落全体で行っていたというが、住民の減少と高齢化のために、作業に携わる人もかなり少なくなったという。間垣自体も、かつては外浦地域のほとんどの集落でやっていたが、現在ではこの上大沢集落と隣の大沢集落の二つの集落に残るのみである。

上大沢の集落は現在二十戸ほど。入江奥のこぢんまりした狭い土地に肩を寄せ合うように家屋が集まっている。防風のための間垣ではあるが、よそ者が無断で集落に入り込まないようにするという目的もあるようで、たしかに集落への入り口と思われる出入り口は、小さく目立たないようにつくられている。

山と海に囲まれた狭い土地で、背後の山々につくった棚田で農作をし、集落の面前に広がる海で漁業を営む。半農半漁、里山里海の生活を続ける上大沢集落。間垣の風景だけではなく、暮らしぶりもまた昔ながらの奥能登の姿を今に伝えている。

毎年冬になる前に間垣の補修が行われる

立入禁止

集落の中によそ者が入らないように集落の入口は狭く小さい

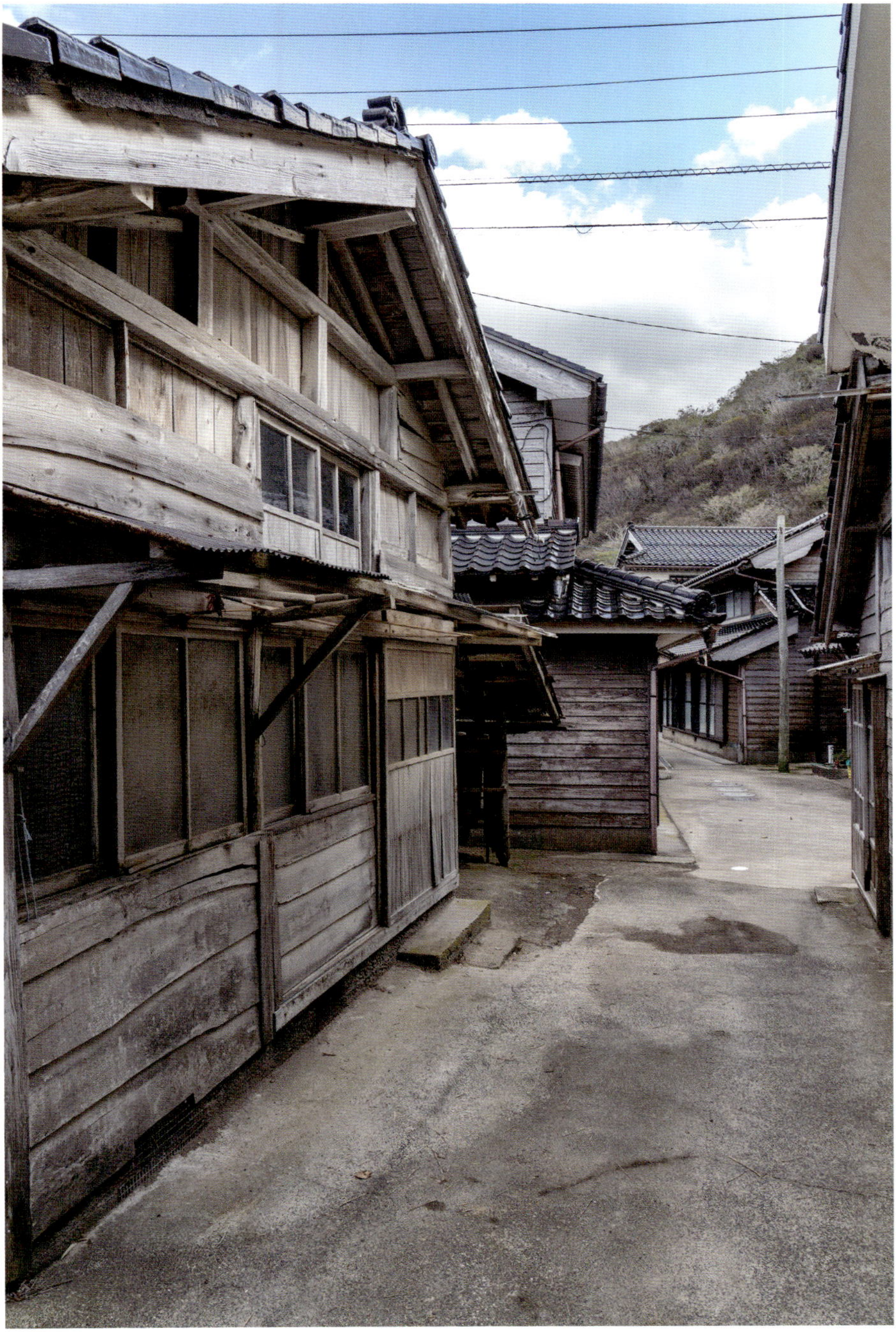

★上大沢への行き方
能登自動車道のと三井ICより車で約70分（2024年8月現在県道38号で通行止め）

おすすめランチ

● αの豚丼

能登の米、能登の水、能登の特産、能登の器を使い、各店でバリエーション豊かな丼を提供している「能登丼」。はしもとやで食べられるのは、地元の豚「αのめぐみ」を使った柔らかくジューシーな豚丼。お土産に輪島塗の箸がもらえる。

「お食事処はしもとや」
輪島市門前町走出2-106-1

名画名作の舞台を訪ねて

『ゼロの焦点』（金沢市主計町、白山市鶴来町ほか）

小説　松本清張 著（一九五九年）
映画　野村芳太郎 監督（一九六一年）

北陸を舞台に人間の哀しさを描いた傑作サスペンス

昭和三十四年に発表された松本清張の長編推理小説『ゼロの焦点』を原作に、山田洋次と橋本忍が脚本、音楽が芥川也寸志、そして監督には野村芳太郎という当時最強の布陣によって作られた映画である。

物語は、新婚早々出張に出掛けた夫が消息不明となることから始まる。結婚してわずか一週間の夫は、金沢へ出張旅行に出かけたきり行方不明になってしまう。会社の同僚に同行して金沢まで赴いた妻は、夫の知り合いを訪ね歩くが、誰も夫の失踪について心当たりがないと言うばかり。やがて、夫の義兄が何者かに毒殺され、次々と殺人事件が起こる。徐々に明らかになる夫の意外な過去。そして、たどりついた夫の秘密とは――。北陸の風土を巧みに織り交ぜ、戦後日本の時代的背景も盛り込みながら創られた社会派サスペンスの傑作である。

ロケは金沢、鶴来、能登などで行われ、特にクライマックスで登場する能登金剛のヤセの断崖は、その後の映画やテレビドラマのロケ地として何度も登場する名所となった。

鶴来の町並み（白山市鶴来町）
夫の義兄が毒殺された旅館加能屋のロケ家屋。現在、「横町うらら館」として使われている。

ヤセの断崖
物語のクライマックスで登場する断崖絶壁。羽咋郡志賀町笹波にある能登金剛と呼ばれる複雑に入り組んだ海岸の中で一番人気の観光名所となっている。

主計町の浅野川沿いの道
夫の下宿先を訪ねたあと、途方にくれた妻が夫の会社の後輩と歩いた主計町の浅野川沿いの道。映画では雪道になっている。

蛸島《たこじま》（珠洲市蛸島町）

キリコが舞う能登最奥の漁村集落

能登半島の先端に位置する珠洲《すず》市。三方を海に囲まれ、突端の禄剛崎《ろっこうさき》を境に、日本海に面した沿岸部は外浦《そとうら》、富山湾に面した沿岸部は内浦《うちうら》と呼ばれている。岩礁海岸が多い外浦は日本海ならではの厳しい海が広がるが、それに比べて内浦は穏やかな海となだらかな砂浜が続き、大小の湾が続くこともあって良港が多い。そんな内浦にあって、古くから漁港として栄えてきたのが蛸島である。その昔、蛸島の船乗りを喰う大蛸が現れるが山神に退治され、その大蛸が島になったという伝説が地名の由来になっている。

江戸時代には北前船の風待港としてにぎわい、町には廻船問屋や酒造店が建ち並んでいた。しかし、明治時代になると町は急速に衰退。さらに金沢から百八十キロ離れているという地理的条件も重なり、陸の孤島と呼ばれるようになってしまう。結果的には、そのことが性急な開発から町を守ることにつながり、昔ながらの美しくも懐かしい町の風情を今に残すことになった。

港の近くに広がる集落には切妻で妻入、下見板張りの家が軒を連ね、黒く艶のある能登瓦が味わい深い風景を見せている。家屋の間を縫うようにひろがる路地は、すべて海につながっており、心地よい海風が吹き抜けていく。

毎年秋には、能登の代表的な祭りであるキリコ祭りが、蛸島では高倉彦《たかくらひこ》神社の秋祭りとして行われる。キリコとは切子灯籠《きりことうろう》のことで、重さ二トン、高さは十五メートルもある。このキリコを神輿とともに担ぎながら町を練り歩く。少なくとも江戸時代には行われていたようで、もともと祇園信仰や夏越しの神事だったものが、能登で独自に発展したといわれている。

蛸島の町にはキリコを保管する奉燈格納庫が点在し、祭りが近くなると町内ごとにその格納庫からキリコが運び出される。見事な彫物で装飾され、金粉をふんだんに使った漆塗りの巨大な蛸島の灯籠は、能登のキリコの中でもひときわ美しいといわれている。

毎年九月の祭りの夜、十数基のキリコが神輿とともに町を巡る。灯された火に照らされて夜の町に浮かぶキリコ、そして担ぎ手たちの額に光る汗。祭りの最終夜には江戸文化の華を伝える神事・早船《はやふね》狂言が神社境内の神楽殿で奉納される。古くから伝わる神事にふさわしい神秘的で幻想的な世界が蛸島の夜を彩っていく。

高さ30メートルほどの「山王の森」と呼ばれる小高い丘

能登瓦の家々が軒を連ねる

漁村集落でよく見られる
下見板張りの家

蛸島キリコ祭りが行われる高倉彦神社

キリコの格納庫

道の駅すずなり「すずなり館」
住所：珠洲市野々江町シ部15番地
電話：0768-82-4688
営業時間：8:30〜18:00（3月〜11月）、
　　　　　9:00〜17:00（12月〜2月）
定休：無休

おすすめランチ

●ローストビーフ丼

能登の特産、能登の器を使い、各店でバリエーション豊かな丼を提供する「能登丼」。能登バルAZは絶妙な火入れで能登牛のうまみを引き出したローストビーフ丼。酸味の効いたソース、五穀米、ローストビーフが見事に調和している。

「能登バルAZ」
穴水町字大町27

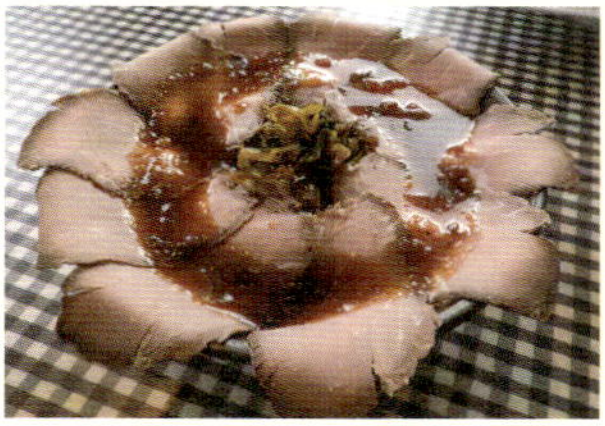

長《なが》町《まち》（金沢市長町）

古都金沢の町に今も残る武家屋敷跡

金沢に残る三つの茶屋街（ひがし茶屋街、にし茶屋街、主計町《かずえまち》茶屋街）とともに、城下町ならではの風情が色濃く残っているのが長町武家屋敷跡である。金沢を代表する繁華街、香林坊の北側に広がる一角で、金沢城址の西側にあたる。

加賀藩の藩政下で「平士《へいし》」と呼ばれていた中位の藩士が住んでいた場所で、百石〜二百石の平士は二百坪、三百石〜四百石の平士は三百坪と、地行高によって宅地の面積が決められていた。禄の高い家は長屋門を構えることができたといわれている。土塀の土台や石畳の道に使われている石は、金沢郊外の戸《と》室山《むろやま》山麓から採れた戸室石。金沢城の石垣に使われている石と同じもので、うっすらと緑を帯びた石や薄紅色の石が趣深い。

長町という地名の由来は、このあたりが香林坊から続く長い町筋であったこと、あるいは藩の老臣 長《ちょう》氏の屋敷に続く道だったからなど諸説ある。三つの茶屋街同様、この長町も戦火を免れたため、道筋は昔からほとんど変わっていない。江戸時代の古地図と現在の地図を重ねても道筋はほぼ重なるそうだ。

陽が傾き始める頃、人影まばらな石畳の道を歩く。昔ながらの土塀に囲まれ、豪壮な武家屋敷が建ち並んでいる。土塀の隙間や長屋門の間から見える庭園は美しく手入れされ、藩政期の平士たちの暮らしぶりが見えてくるようだ。冬ともなれば、雪や凍結から庭の木々や土塀を守るため、藁で編んだこもで覆う「こも掛け」が行われ、その風景が金沢の冬の風物詩となっている。

石畳の道に沿うように流れるのは金沢最古の用水といわれる大野庄用水。犀川《さいがわ》から取水された用水は、長町の武家屋敷群を抜けて北へと流れていく。かつて、金沢城築城のための木材運搬にも使われたこの用水。今では、屋敷の庭園のやり水や曲水に利用されるなど、長町に住まう人々のくらしを潤すとともに、古都金沢らしい風情を醸し出している。

にし茶屋街やひがし茶屋街のような華やぎとにぎわいは、この界隈にはないかもしれない。しかし、古き時代の本当に優雅な金沢の趣を感じたいのであれば、長町の武家屋敷跡をゆっくりと歩くことをおすすめしたい。

金沢最古の用水といわれる大野庄用水

屋敷はすべて土壁に囲まれている

明治11年に建築された「中屋薬舗」の建物を利用した老舗記念館

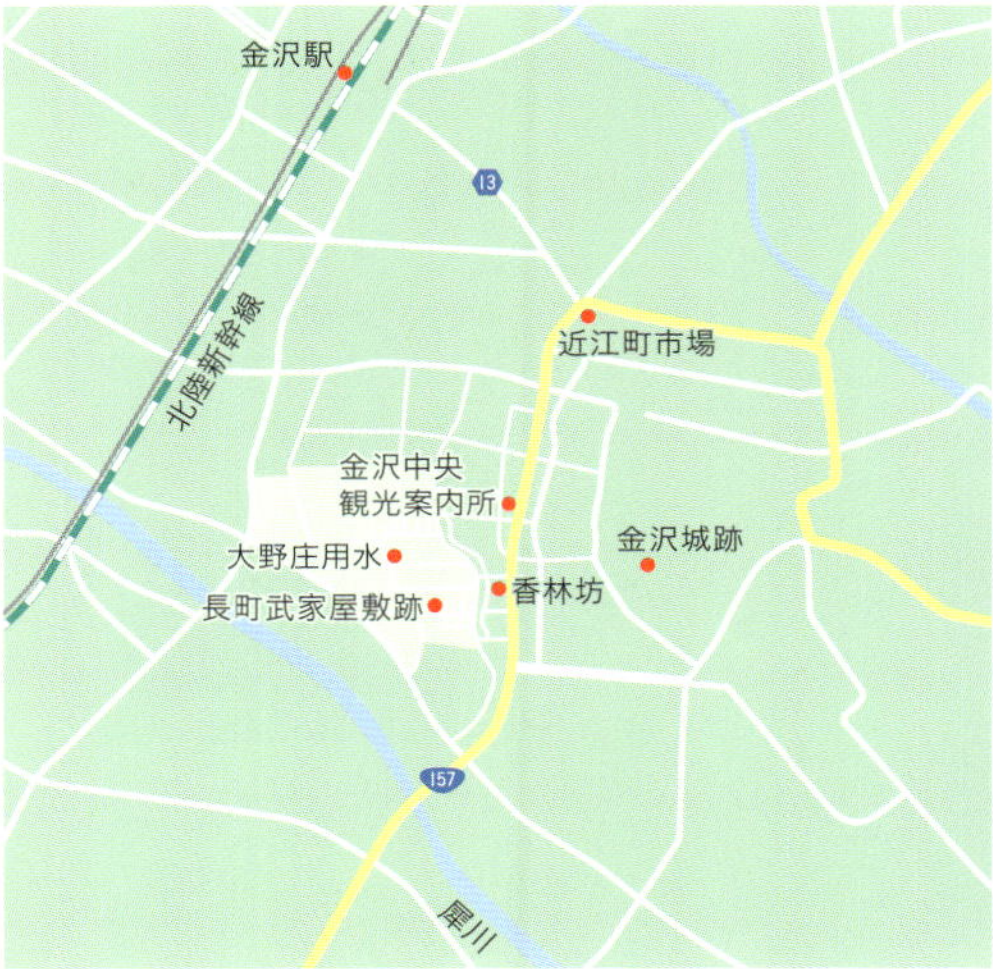

★長町への行き方
北陸自動車道金沢東ICより車で約10分
JR北陸新幹線金沢駅より徒歩で約20分

金沢中央観光案内所
住所：金沢市南町4-1
電話：076-254-5020
営業時間：10:00～21:00
定休：無休

わが町自慢の市場食堂

近江町食堂（金沢市青草町1）

加賀藩の御膳所だった歴史ある市場で旬を味わう

金沢市民の台所として親しまれている近江町市場。金沢駅から歩いて行ける距離で、繁華街の香林坊もすぐ近くという立地でありながら、二百店にも届きそうな商店、飲食店が軒を連ねる。約三百年ものあいだ、城下町金沢の食を支えてきた。近年は北陸新幹線の開通もあり、よりたくさんの観光客が押し寄せて、さらににぎわいを見せている。

「近江町食堂」はそんな市場の入口を入ってすぐの場所にある老舗。北陸の味「のどぐろ」料理が目玉のひとつで、中でも「のどぐろ黒めし」は看板メニューとなっている。のどぐろのあらでとった出汁で炊き上げたご飯に、炙ったのどぐろを乗せた一品。ご賞味あれ。

営業時間
日曜祝日以外10:30～15:00　17:00～22:00　日曜10:30～15:00　17:00～20:00

ノスタルジック商店街

新《しん》堅《たて》町《まち》商店街（金沢市新堅町）

あたらしくてレトロで渋くてかわいい商店街

金沢21世紀美術館のほど近くにある新堅町商店街。ルーツは、江戸時代初期に徳榮寺が移転してきたのに伴い商店が建ち始め、寺町ができたことまで遡るという。時代に合わせて形を変えながら、現在まで続いている。〝あたらしくてレトロで渋くてかわいい商店街〟を標榜している通り、新旧の店舗が共存し個性的なお店が魅力を発揮している。こだわりのコーヒーショップや古民家カフェ、古書店、ギャラリーなどなど。地元の人にも観光客にとっても、散策するのにぴったりな癒しスポットだ。

鶴来《つるぎ》（白山市）

白山の麓にある霊峰信仰の聖地

石川、福井、岐阜の三県にまたがり、富士山、立山と並んで日本三霊山のひとつに数えられる白山。雪を頂き陽光を浴びて輝く姿に、古くから人々は「白き神々の座」として信仰し崇めてきた。白山を眺めるための遥拝所が設けられ、修行のために山へ登る白山登拝が行われた。加賀、越前、美濃にはそれぞれ登拝の拠点となる馬場《ばんば》が開かれ、このうち加賀馬場の中心となったのが鶴来にある白山比咩《しらやまひめ》神社である。全国に三千以上ある白山神社の総本山であり、加賀国の一宮として地元では「白山さん」と親しみを込めて呼ばれている。

この神社を起点に、白山へ登る「加賀禅定道《ぜんじょうどう》」という道が開かれ、その周辺に白山を信仰する寺社が建てられた。本宮側の四社と中宮側の三社のあわせて七社を「白山七社」と呼び、その中の一つである金劔宮《きんけんぐう》も鶴来にある。白山比咩神社と金劔宮がある町——鶴来が白山信仰の聖地、あるいは〝ご加護のある街〟と広く呼ばれるようになった所以である。

一方で、白山市を流れて日本海に注ぐ手取川《てどりがわ》の扇状地にある鶴来は、古くから山の幸や海産物が行き交う交易の地として栄えた。その後、鶴来街道の宿場が置かれると宿場町としてにぎわい、酒や醤油等の醸造業を手がける商家が増えてくると在郷町としても発展していった。とくに現在でも醸造業が盛んなことから、鶴来は〝発酵の町〟として人気を集めつつある。重厚な味わいが人気の「菊姫《きくひめ》」、軽快ですっきりした飲み口の「萬歳楽《まんざいらく》」など、全国的に知られている銘酒の酒蔵や、明治十年創業の大《お》屋《や》醤油店の重厚な建物が、今も町の中心部にほぼ当時のままにある。観光案内所として利用されている「横町うらら館」も築百九十年以上の町屋を改築した歴史ある建物だ。旧鶴来街道沿いにはそのほかにも昔ながらの家屋が点在し、往時の街道の風情がわずかだが残っている。

ちなみに、鶴来という地名は、金劔宮の門前町でもあったことから、かつては「剱」と表記されていたらしい。だが、江戸時代に度々火災が起こるなど災難が続いたため、同じ読みで縁起の良い「鶴来」という表記に改められたといわれている。

この町の地名の由来ともなっている金劔宮は、山梨の新屋山《あらややま》神社、千葉の安房《あわ》神社とともに日本三大金運神社のひとつとされている。発酵の町と金運の町、それが鶴来の新たな人気の秘密なのかもしれない。

古い町家を改装した観光案内所「横町うらら館」

旧鶴来街道

300年以上の歴史がある小堀酒造店

醸造業の原料となる糀の製造元・武久商店

銘酒「菊姫」などを扱う汐井酒店

北陸鉄道石川線の終着駅「鶴来駅」

約170年の歴史がある大屋醤油店

地名の由来となった金剱宮。紀元前95年に創建されたと伝わる

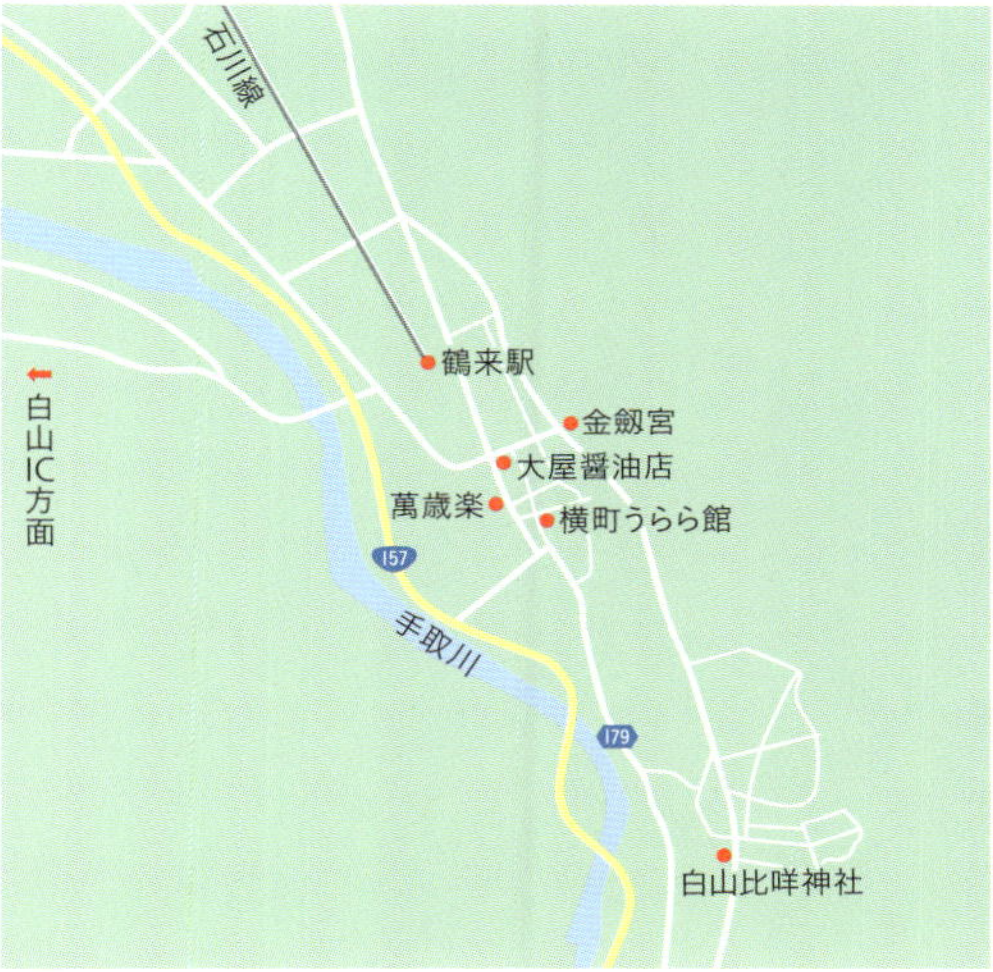

★鶴来への行き方
北陸自動車道白山ICより車で約20分
北陸鉄道石川線鶴来駅より徒歩で約15分

横町うらら館
住所：白山市鶴来新町タ1
電話：076-272-0001
営業時間：10:00～16:00
定休：8/13～8/16、12/29～1/5、その他不定休あり

ほうらい祭り
(ほうらいまつり)

八百年もの歴史をもつ「ほうらい祭り」。白山市鶴来地区にある金劔宮の秋季例大祭で、市の無形文化財に指定されている。平家物語にも登場する、加賀の国司と白山衆徒の対立、そして京への強訴にまで至った「白山事件」が由来と伝わっている。

神輿を先頭に獅子方、造り物が随行し、町内を練り歩く。およそ五メートルにもなる巨大な人形を乗せた造り物は迫力満点で、観客はこれを楽しみに集まってくる。夜にはライトアップなど趣向が凝らされ、昼の行列とはまた違った表情を見せる。

開催時期　毎年10月初旬の土・日曜
開催場所　白山市鶴来地区内・金劔宮
写真提供：白山市観光連盟

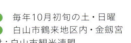

著名人の生家を訪ねて

深田久《きゅう》弥《や》生家

山岳随筆の名著を残した作家の生家

昭和三十九年の刊行以来、登山家のバイブルとして読み継がれている山岳随筆集『日本百名山』。登山愛好家だけではなく、広く一般の人々に登山の魅力を知らしめてきた名著である。この本の著者である深田久弥の生家が加賀市にある。

深田久弥は明治三十六年、加賀市大聖寺中町の深田家紙店の長男として生まれた。東京帝国大学在学中から小説を発表し注目を集めたが、文壇からの評価は芳しくなくしばらくは雌伏の時を過ごす。その後、昭和四十年に『日本百名山』が第十六回読売文学賞を受賞。以降、山岳作家として確固たる地位を築いた。昭和四十六年に登山中に脳卒中のため死去。六十八歳であった。

生家は現在、縁者が印刷会社を営んでおり「深田印刷部」という看板を掲げた洋館が目を引く。日本家屋が趣深い佇まいで隣接している。

住所　加賀市大聖寺中町
＊現在も居住中のため非公開

重要伝統的建造物群保存地区

金沢市東山ひがし（茶屋町）

平成13年11月14日選定

国内有数の観光地である金沢の中でも、東山ひがしの伝統的な町並みは特に多くの観光客が訪れるエリアとなっている。江戸時代後期に茶屋町として形成され、卯辰茶屋、あるいは浅野川茶屋とも呼ばれた。切妻平入、二階建ての茶屋建築が多く残されている。明治以降は「東新地」、あるいは「ひがし」と呼ばれ市内随一の格式とにぎわいを誇った。現在は伝統的な景観を残したまま、和菓子、伝統工芸品、雑貨などを扱う店舗やカフェが営まれ、来訪者を楽しませている。重要文化財に指定されている建物で茶屋文化を見学できるほか、現在も一見さんお断りのお座敷をあげている店もある。

金沢市東山ひがし

重要伝統的建造物群保存地区

金沢市主計《かずえ》町《まち》（茶屋町）

平成20年6月9日選定

主計町が茶屋町として形成されたのがいつなのかはっきりとは判明していないが、江戸末期から明治期には成立したものと考えられている。建物の特徴は切妻平入二階建てで、近くにある同じ重伝建の「東山ひがし」と同様だが、前を流れる浅野川と相まって独特の景観を残している。明治の頃の様子は、文豪泉鏡花の作品に多く描かれている。昭和期に最盛期を迎え、経済成長に伴い伝統的な町並みが姿を消す中で、当時のままの意匠的に優れた伝統的建築物が多く残る貴重な地区となっている。

重要伝統的建造物群保存地区

金沢市卯《う》辰《たつ》山《さん》麓《ろく》(寺町)

平成23年11月29日選定

金沢市内にある卯辰山の麓に広がる寺町は、戦国期から江戸時代初期にかけて寺院群の建設が行われた。寺社の建物をはじめ、藩政期からの町割りが色濃く残っており、信仰に支えられた落ち着いたたたずまいを見せている。寺の間を縫うように走る小道を散策すれば、往時の町の様子をしのぶことができる。歴史ある古刹をじっくり訪ねるのも良いだろう。近隣の重伝建に比べても観光客は少なく、ひと味違った金沢を満喫することができる。

重要伝統的建造物群保存地区

金沢市寺町台（寺町）

平成24年12月28日選定

寺町台は江戸時代、城下町の建設に伴って寺院が集結され形成された寺院群である。当地区は、加賀藩主前田家の墓所に続く旧野田街道沿いにある野田寺町と、白山への参詣路でもある旧鶴来道沿いにある泉寺町の二地区からなる。野田寺町は直線的な街道に沿って寺院が整然と並んでいるのに対して、泉寺町は寺院門前に町家が連なっており、それぞれ特徴的な景観を有している。近世の地割がよく残されていて、歴史的風致を今に伝えている。

重要伝統的建造物群保存地区

輪島市黒島地区（船主集落）

平成21年6月30日選定

能登半島先端に位置する黒島地区は、江戸後期から明治にかけて活躍した北前船の船主や船頭が多く居住した集落だ。江戸時代の大半は幕府領として支配された。明治前期には五百戸を越え、隆盛を極めた。今でも旧街道沿いに伝統的な建築が建ち並び、往時の地割をよく残している。建物の多くは黒い釉薬瓦、外壁には下見板張り、正面の格子などの特徴を持ち、町並みに統一感を与えている。敷地内の庭園や土蔵、寺社仏閣などと共に歴史的風致を今に伝えている。（写真は令和五年に撮影したもの。令和六年の能登半島地震で甚大な被害を受けたが、復興、保存に向けた検討が行われている）

重要伝統的建造物群保存地区

加《か》賀《が》市加賀橋《はし》立《たて》（船主集落）

平成17年12月27日選定

加賀橋立は江戸時代から明治にかけて日本海海運で活躍した廻船である北前船の船主や船頭が多く居住した集落で、重伝建の中でも珍しい形態といえる。船主らは近江商人らを乗せて交易を行い、次第に独立するものも現れ富を築き、漁村だった村は発展していった。集落の家屋の特徴は船板を利用した壁板と赤瓦の屋根。石垣や石段などの石材は笏谷石が用いられており、独特の景観をもたらしている。明治に建てられた邸宅を利用した「北前船の里資料館」では往時の繁栄を偲ばせる建物と航海に使われた道具や資料を見学できる。

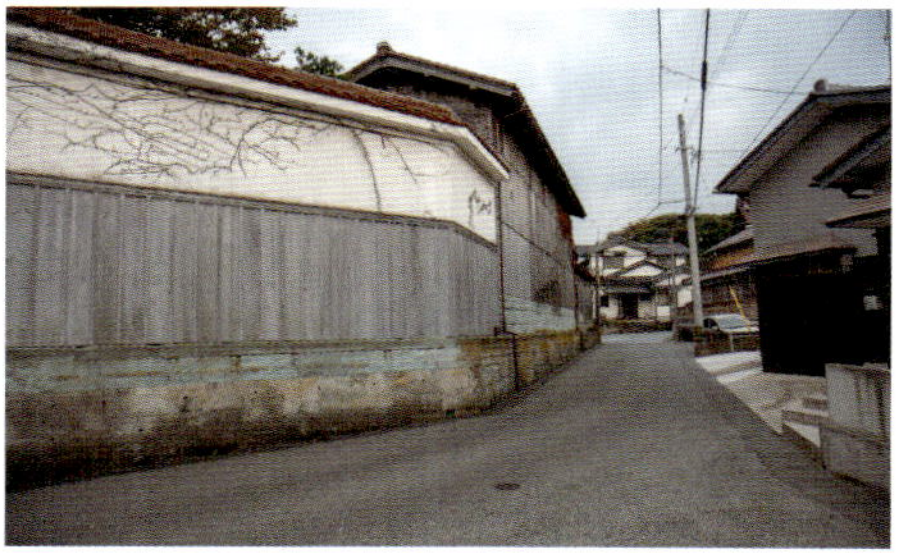

重要伝統的建造物群保存地区

加賀市加賀《かが》東《ひがし》谷《たに》（山村集落）

平成23年11月29日選定

加賀東谷は加賀市南東部の山間部に位置する荒谷町、今立町、大土町、杉水町の四つの集落で構成されている。江戸時代から製炭業で栄えた集落には明治から昭和初期に建てられた赤瓦の民家が残されており、田畑や周辺の自然環境とともに歴史的で独特の景観を今に伝えている。かつてはもっと多くの集落があったが、昭和三十年代以降はダム建設や災害、離村などで失われた。良好な状態で残った四つの集落は非常に貴重な遺産であるといえる。保存活動としてトレッキングツアー、農業体験、ウォーキングイベントなどが行われている。

重要伝統的建造物群保存地区

白山市白峰《しらみね》（山村・養蚕集落）

平成24年7月9日選定

　霊峰白山の麓に位置し、日本有数の豪雪地帯である白山市白峰には、土蔵造り、石垣、二階建てもしくは三階建ての独特の建築様式を持つ民家が軒を連ねている。旧白峰村の中心部にあたる地区で、十六世紀半ば頃から養蚕、製炭、畑作などを産業として発展してきた。山間部の河岸段丘に位置することから敷地が狭く、主屋が通りに面して建ち並ぶ特徴ある町並みとなっていて、日本の山村集落の中でも貴重な存在といえる。厳しい自然環境の中で形成された地方色豊かな歴史的風致をよく残している。

※掲載した写真、文章は二〇二三年一〇月までに取材したものです。現在の風景、状況とは異なっている可能性があります。令和六年能登半島地震で被害に遭われた皆様に心よりお見舞い申し上げます。

富山

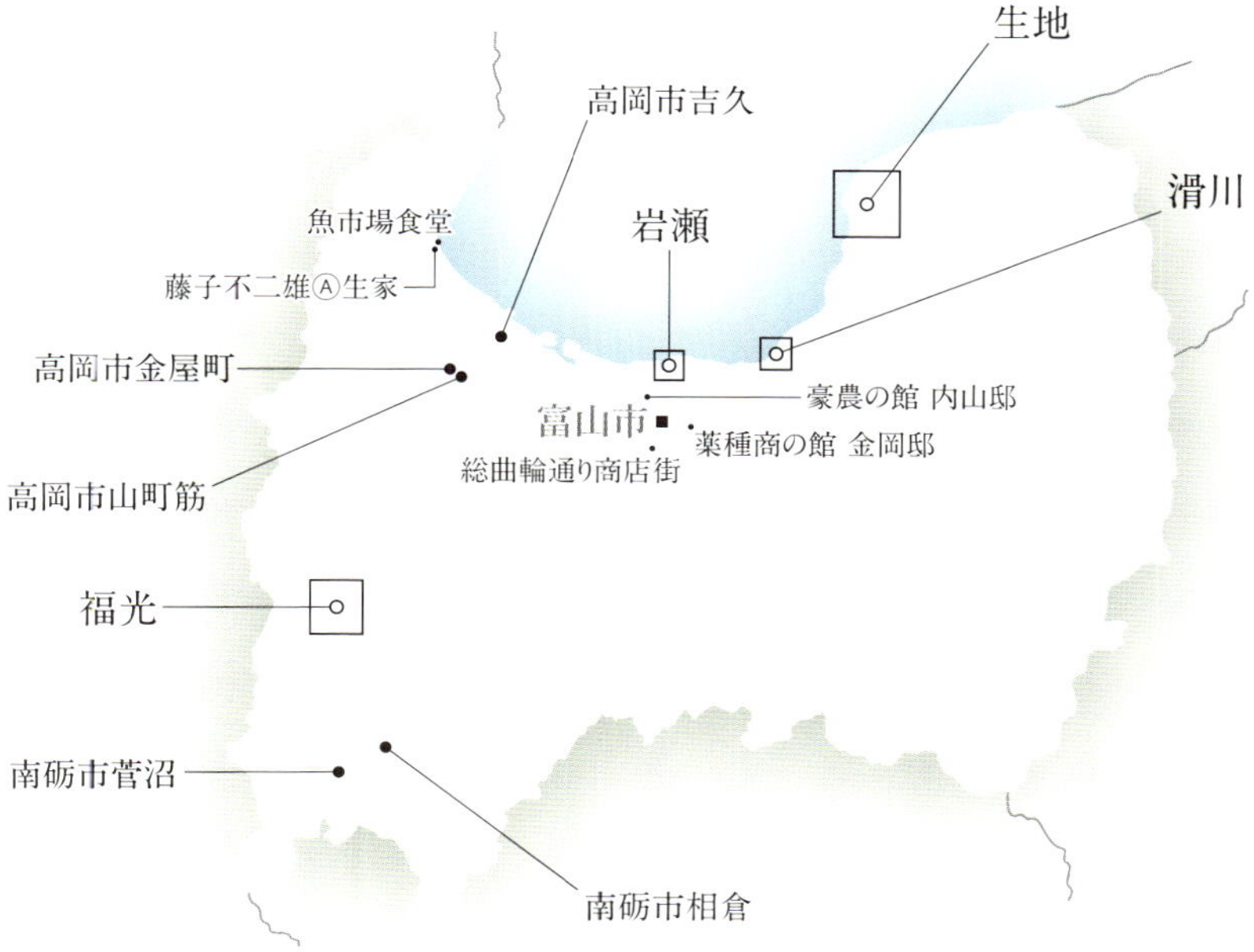

生地
高岡市吉久
滑川
魚市場食堂
岩瀬
藤子不二雄Ⓐ生家
高岡市金屋町
豪農の館 内山邸
富山市
薬種商の館 金岡邸
総曲輪通り商店街
高岡市山町筋
福光
南砺市菅沼
南砺市相倉

生地《いくじ》（黒部市生地）

清らかな水が湧き出る名水の里

北アルプスを水源に、深い峡谷を縫うように流れ下り日本海へと注ぐ黒部川。古くから豊かな水量を誇る清流の川として知られ、黒部の地に多くの恵みをもたらしてきた。

立山連峰の山々に染み入った川の水は地下水となり、やがて河口に広がる扇状地に湧出する。その数約七百五十ヵ所。人々はその湧水を自噴井戸として整備し、貴重な生活用水として古くから使い続けてきた。その中で、数多くの自噴井戸が今も町中に残り、湧水を上手に生かした暮らしを営んでいるのが生地地区である。

かつては新治《にいはる》村と呼ばれていた生地は、久寿《きゅうじゅ》二（一一五五）年八月の大津波によって大きな被害を受ける。多くの家が流され住民も四散し、村は壊滅状態になったが、村人たちは必死の思いで復興を成し遂げる。その際に、「人々が生まれた土地に帰る」とともに「新しい土地が生まれた」という意味を込めて、生地という地名に変えたといわれている。

生地では、湧水のことを「清水《しょうず》」と呼び、今も多くの清水が町中にある。水量、水質、味わいがそれぞれ異なり、水温は一年を通じて十一度前後に保たれていて、適度なミネラルを含んでいる。飲水、炊事、洗濯などに利用され、お気に入りの清水を求めて、近隣の町からも多くの人がやってくる。

名水の町として広く知られている生地だが、南北に伸びる町の道筋を歩いていると、ところどころに古い商家が残っていることに気づく。江戸時代、生地は北前船の寄港地としてにぎわっており、その名残が町に残っているのだ。一歩路地に入れば、古くからの漁村らしい町並みが顔をのぞかせる。

町のはずれに、昔の村の名前を冠した新治神社という神社があった。天智天皇の時代に創建されたといわれている神社で、大洪水で水没したものの、住民の手によって再興された。この神社の境内にある月見嶋《つきみじま》と呼ばれる池にも清水が湧いている。「月見嶋の清水」と呼ばれており、池の底から湧いてくる水の様子をしっかりと見ることができる。

その他にも、松尾芭蕉が越中巡遊中に見つけたといわれる「清水庵の清水」、清水の隣にあった豆腐店が絹ごし豆腐を作っていたことが由来の「絹の清水」、生地でもっとも古いといわれている「前名寺《ぜんみょうじ》の清水」など、さまざまな物語をもつ清水が町中に二十ヵ所残っている。これらの清水をめぐり、澄んだ湧水で喉を潤しながら細い路地を歩けば、風情ある港町めぐりを楽しむことができるだろう。

かつて「生地漁港」と呼ばれていた「黒部漁港」。
江戸時代に北前船の寄港地として栄えた

月見嶋の清水

絹の清水

古い商家が残る町並み

魚の駅「生地」観光案内所
住所：黒部市生地中区265
電話：0765-57-0192
営業時間：10:30～14:30
定休：12月～4月下旬、年末年始

おすすめランチ

●しろえび天丼

生地でとれた海の幸や地元の特産を使った料理を提供するつばき食堂。富山の宝石といわれるシロエビをふんだんに使った「しろえび天丼」は、甘辛のタレが食欲を刺激する一品。新鮮なヒラメを使った「くろべの漬ひらめ丼」もおすすめだ。

「つばき食堂」
黒部市堀切925-1

★生地への行き方
北陸自動車道黒部ICより車で約10分
あいの風とやま鉄道生地駅より徒歩で約30分

著名人の生家を訪ねて

藤子不二雄Ⓐ生家
人気キャラクターが出迎えてくれる寺

『忍者ハットリくん』や『怪物くん』など、多くの人々に愛される漫画を描いた漫画家・藤子不二雄Ⓐ。本名は安孫子《あびこ》素雄《もとお》といい、昭和九年に富山県氷見市に生まれた。中学時代からの親友、藤本弘（藤子・F・不二雄）と漫画を合作し、藤子不二雄をペンネームとして多数の作品を発表した。昭和六十三年、コンビを解消し、藤子不二雄Ⓐとして新たにスタート。令和四年に八十八歳で逝去するまで旺盛な創作活動を続けた。

この藤子不二雄Ⓐの生家が氷見市内にある。実は同氏の生家は約七百年の歴史をもつ加賀藩前田家ゆかりの曹洞宗の古刹・光禅寺《こうぜんじ》で、小学五年生のときに高岡市へ引っ越すまで、このお寺に住んでいた。父親が第四十九代住職だった。寺の見事な山門をくぐると目に飛び込んでくる漫画の主人公たち。氏が描いた人気キャラクターの石像が出迎えてくれる。

住所　氷見市丸の内1-35
TEL　0766-72-1842

わが町自慢の
市場食堂

魚市場食堂

（氷見市比美町435　氷見漁港魚市場二階）

活気ある競りを眺めたあとは氷見の新鮮な魚を味わう

北陸を代表する漁港のひとつ、氷見漁港。特に冬の寒ブリが有名だが、一年を通してさまざまな種類の魚が水揚げされており、その漁獲量は富山県で一位となっている。氷見漁協ではそんな氷見の魅力を発信するべく活気ある朝競りの様子を見学できるよう公開している。二階テラスからセリの様子を見学し、満足したらそのまま二階にある食堂で朝食を、という贅沢なコースが選べる。

イチオシは魚市場食堂名物の「氷見浜丼定食」。氷見の新鮮な魚を使った海鮮丼で、見た目も美しく、土鍋の漁師汁付きというのもうれしい。

営業時間
土日曜以外6:30～15:00
土日曜6:30～15:30

滑川《なめりかわ》（滑川市）

ホタルイカと売薬の物語が残る町

群れをなして回遊する姿が宝石のように幻想的に光ることから、海の銀河とも呼ばれるホタルイカの魚群。このホタルイカの世界有数の生息地である富山湾に抱《いだ》かれた町が滑川である。ホタルイカのいる海域は、「ホタルイカ群遊海面」として国の天然記念物に指定されており、滑川はホタルイカの漁獲量日本一を誇っている。

平安期、滑川のあたりには京都祇園社の荘園があり、京都の祭礼の費用を負担する料所《りょうしょ》として「梅沢・小泉・滑河」が指定された。それが滑川の地名の由来となっている。

時代が下り、江戸時代になると滑川は北陸街道の宿場町として栄えた。本陣が置かれ、旅籠なども多く営まれた一方で、加賀藩の年貢米の積み出しなどを行う物資集積地としてもにぎわい、数多くの商家が軒を連ねていた。当時の面影を今の滑川の町並みに感じることはできないが、それでも昔ながらの商家や町家が数軒残っており、趣ある風景を見つけることができる。

瀬羽町《せわまち》にある旧宮崎酒造の建屋、その向かいにある明治期に建築された滑川の伝統的建築である菅田家《すがたけ》住宅、江戸時代に醸造業を営んでいた商家で当時の店構えを知ることができる城戸家住宅、さらに少し離れたところにある廣野家住宅は大正時代に建築された近代和風建築の遺構だ。いずれも国の有形文化財に登録された建造物で、町をめぐりながらこうした歴史的家屋をじっくり観ることができる。自治体はこの町歩きを「宿場回廊めぐり」と銘打って観光資源化しているようだが、たしかに言い得て妙である。

また、「越中富山の薬売り」として全国的に知られる富山の家庭薬配置業の中心となったのも滑川である。富山の売薬は、病弱だった二代目富山藩主・前田正甫《まさとし》が薬学に興味を持ち、製薬業を奨励して諸国に広めたことが礎となった。江戸城で腹痛になった大名に正甫がもっていた「反魂丹《はんごんたん》」という薬を服用させたところ、すぐに腹痛が治ったという逸話も残っている。

この薬の製法を会得したのが、滑川の高月村《たかつきむら》の高田千右衛門という男で、富山の薬種商に丁稚奉公した際に学んだといわれている。この薬の製造販売をきっかけに滑川では売薬に携わる者が増え、売薬は富山の一大産業として成長していくことになる。

ホタルイカと売薬の町、さらに宿場町としてさまざまな物語が残る町、滑川。その物語を辿りながらゆっくりと町を巡れば、はるか昔、多くの人が行き交ったであろう宿場町の喧騒が、遠くから聞こえてくるような気がしてくる。

旧宮崎酒造店舗

城戸屋住宅主屋

菅田家住宅主屋

廣野家住宅主屋

坪川こんぶ

松尾芭蕉宿泊の記念碑

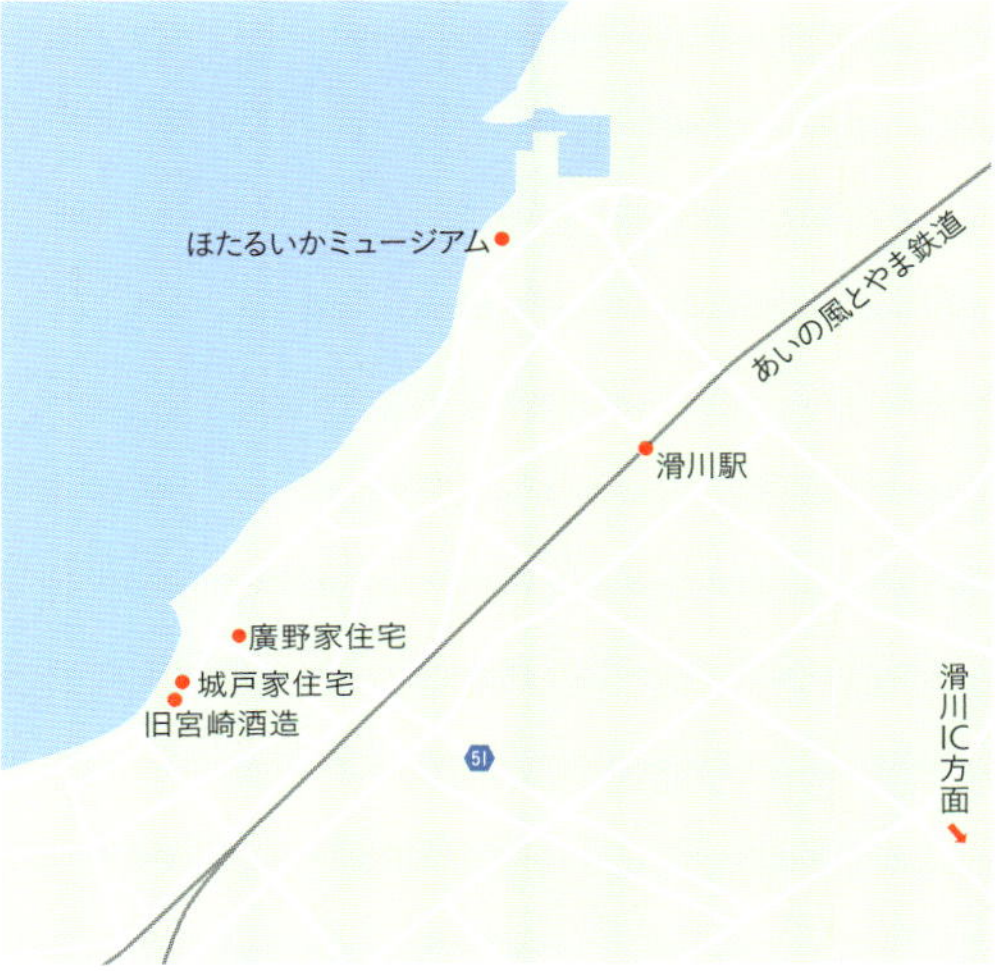

★滑川への行き方
北陸自動車道滑川ICより車で約10分
あいの風とやま鉄道滑川駅より徒歩で約10分

ほたるいかミュージアム
住所：滑川市中川原410
電話：076-476-9300
営業時間：9:00〜17:00（入館は16:30まで）
定休：6/1〜3月中旬の火曜日（祝日の場合は翌日）、年末年始、1月の最終月曜日から3日間
料金：大人：820円、小人410円（3/20〜5/31）・大人620円、小人310円（6/1〜3月中旬）

岩瀬《いわせ》（富山市東岩瀬町ほか）

歴史的家屋が建ち並ぶ船主たちの町

富山市北部、神通川が富山湾に注ぐ河口の東側にあるのが岩瀬地区である。古くから船運の中継地としてにぎわっていたが、江戸時代、上方と北日本を結ぶ北前船の寄港地となってからは大いに栄えた。街には廻船問屋の家屋や土蔵が建ち並び、多くの船主が居を構え、巨万の富を蓄える船主もあらわれた。中でも大きな五つの船主（馬場家、米田家、森家、畠山家、宮城家）は岩瀬五大家と呼ばれ、その筆頭である馬場家は、北陸五大船主のひとつとしても数えられるほどだった。

明治中頃まで岩瀬の繁栄は続いた。その軌跡は、今も町に残る古い家屋に見ることができる。北前船廻船問屋の森家と馬場家の家屋をはじめ、かつての廻船問屋の家屋が旧北国街道の大町通りや新川町通りに面して軒を連ねている。その重厚で壮麗な姿は、この町が刻んできた歴史の重みを感じさせる。

それにしても、よくここまで古い建物が保存されていたものだと感心する。だが、調べてみると、岩瀬の町は明治六年に大火に見舞われ、町の半分以上が焼けてしまい、江戸期の建物はほとんど消失してしまったのだそうだ。今残っている建物は明治初期に建て直されたものらしい。

古い町並みを抜けて富山港の方へ向かうと、大きな展望塔があった。岩瀬にある琴平神社の常夜灯をモデルにしてつくられたもので、たしかに全体のデザインが常夜灯に似ている。高さ約二十五メートルの展望フロアからは、富山港と日本海、そして岩瀬の街並みを一望することができる。陽の光を浴びて鈍く輝く連続する瓦屋根が、歴史ある町の趣をさらに深めてくれる。

そのまま港あたりから東の方へ歩いていくと、昭和十五年に開削してつくられた岩瀬運河がある。その運河にかかる海側の橋、大漁橋を渡り、運河沿いの整備された遊歩道を歩く。この運河を境に、町は急に新しくなって風景が一変する。まるで運河が過去と現在との間に横たわる時間の溝の役割を果たしているかのようだ。

海風と、沈みゆく夕陽を背中に感じながら、岩瀬橋を渡って再び古い町並みが残るエリアに歩を進める。明治からの老舗料亭、松月《しょうげつ》の建物がやさしく迎えてくれる。次に岩瀬を訪れる機会があれば、しっかりとこの料亭に予約を入れて、富山を代表する白海老の料理を楽しみたいものだ。

港湾丸

岩瀬運河

北陸の五大北前船主のひとつ旧馬場家住宅

往時の繁栄を今に伝える森家住宅

森家土蔵群（酒商田尻本店）

創業昭和8年の大塚屋製菓店。三角どら焼きが名物

明治26年創業の酒蔵・桝田酒造店。銘酒「満寿泉」の蔵元

旧北国街道

★岩瀬への行き方
北陸自動車道上市スマートICより車で約25分
富山地方鉄道富山湾線競輪場前駅より徒歩で約10分

馬場家
住所：富山市東岩瀬町107-2
電話：076-456-7815
営業時間：9:00～17:00（入館は16:30まで）
定休：年末年始、臨時休館日
料金：大人100円、高校生以下無料（団体割引あり）

名画名作の舞台を訪ねて

『散り椿』（氷見市、富山市）

小説　葉室麟著（二〇一二年）
映画　木村大作監督（二〇一八年）

ひとりの武士の生き様が散りゆく椿に重なる

平成三十年に公開された『散り椿』は、直木賞作家である葉室麟の同名小説を映画化した作品である。

江戸時代の享保年間、藩の不正を訴え出た主人公は、時の権力に負け藩を追われる。そんな折、彼は死の病にかかった妻から最後の願いを伝えられる。それは友人で良きライバルで妻を巡る恋敵であり、なおかつ主人公の藩追放に関わりのあった男を助けることだった。

名カメラマンであり、映画監督としても日本アカデミー賞最優秀監督賞に輝いた経歴を持つ木村大作による本格時代劇。妻の最期の願いを叶えるべく藩の不正や権力に立ち向かうひとりの武士の姿を鮮烈に描く。

「富山には時代劇が撮れる土壌がある」という監督の思いからロケの大半を富山県で敢行。緑豊かな自然に古い町の景観や古刹など、全編を通じて凛とした富山の美しさを感じることができる。

氷見の家並み
主人公がひとり歩く冒頭のシーンのロケ地。土塀な立ち並ぶ氷見市泊の薮田漁港付近の集落（正確な場所は不明）で撮影された

上／豪農の館・内山邸
幕末に建てられた豪農の館。庭に散り椿の木があり、この木と館を背景に多くのシーンが撮影された
下／薬種商の館・金岡邸
富山の薬売りの売り手たちが、薬の原料を仕入れる薬種商を営んだ邸宅。映画では、和紙問屋・田中屋として登場する

ノスタルジック商店街

総曲輪《そうがわ》通り商店街（富山市総曲輪）

富山のにぎわいを創り出す歴史あるアーケード街

総曲輪《そうぐるわ》は総構えとも言い、城や砦の外郭のことだが、総曲輪商店街は「そうがわ」と読みこの地の町名に由来する。町名はもちろん富山城の曲輪からきたものだ。近隣の商店街とあわせて、県下最大の繁華街を構成している。商店街のはじまりは明治時代。約百三十年の歴史を誇る。若者をターゲットとしたセレクトショップから雑貨店、眼鏡店、地産地消がテーマの農家直売店など多様な店が立ち並び、人通りが絶えない。にぎわい創出の広場「グランドプラザ」ではさまざまな催しが企画され、商店街の集客だけでなく、街の盛り上げに一役買っている。

祭

南砺のねつおくり（なんとのねつおくり）

福光地方の夏の風物詩となっている、福光ねつおくり七夕祭り。「ねつおくり」は三百年以上続くといわれる伝統行事で、一年で最も暑いとされる土用の三番(三日目)に、大人が太鼓を打ち鳴らし、子どもが「ねつおくるばーい」と囃しながら地区内を一巡する行事。荒木地区では、子どもが笹竹を持って田んぼをまわり、稲の穂先に振って病害虫を払う昔ながらの形を継承している。

この伝統行事に合わせて、福光の商店街で行われているのが福光ねつおくり七夕祭りで、七夕飾り、よさこいステージ、花火などが繰り広げられ地域を盛り上げている。

開催時期　毎年7月下旬の金〜日曜
開催場所　南砺市福光中心市街地・荒木地区
写真提供：南砺市観光協会

福《ふく》光《みつ》（南砺市福光）

百年余の老舗が今も残る小さな商家町

散居村が広がる砺波平野の南西部にある小さな町が福光だ。かつてこの地に清水が噴出していて「噴き満つる」地だったことが地名の由来になっているらしい。

戦国時代までは福光城の城下町や善徳寺という寺の門前町として栄えたが、江戸時代には生糸や麻布の一大生産地となり、さらに五箇山で生産される煙硝や紙などの集散地となったことから在郷町としての歴史も刻んでいる。

現在は、もちろん往時ほどのにぎわいは見られないが、それでもかつての風情が感じられる町並みが今もしっかりと残っている。JR福光駅から歩くこと約十分、小矢部川を渡ってしばらく行ったところにある新町商店街「あさがお通り」がその町並みだ。

金沢への道筋にあたるこの通りには、伝統的な商家の建物が点在しているが、なかでも目をひくのが「石黒《いしくろ》種《たね》麴《こうじ》店」の建物である。北陸で唯一、全国でも十軒余しかない種麴店のひとつであるこの店は、明治二十八年の創業以来、百三十年以上にわたってこの地で麴をつくり続けてきた。かすかに漂う麴の匂いを感じながら店を通り過ぎてその先に進めば、古い建物が連なるなつかしい風景が広がる。驚くほど静かで人影もほとんどない。その静けさが心をじんわりと弛ませてくれる。

日本を代表する版画家の一人である棟方志功《むなかたしこう》が、戦時中に疎開先として選んだのが福光だった。約七年間、南砺の豊かな自然と、浄土真宗の一大拠点であるという信仰心篤い精神風土の中で、棟方志功は精力的に作品を作りつづけた。福光で過ごした時間がその後の彼の世界的な飛躍へとつながっていったといわれている。

民芸運動の創始者である柳宗悦《やなぎむねよし》は、南砺地域の「土徳《どとく》」が、彼に大きな影響を与えたと言い、自らも福光で集大成となる本を書き上げた。「土徳」とは、厳しくも豊かな自然環境の中で、そこに住まう人がその恵みに感謝しながら作りあげてきたその土地の品格のようなものを指す言葉らしい。通りすがりの旅行者にそれを深く理解する時間的余裕はなかったが、それでも古い町並みを歩いていると、わずかだがそのことが理解できるような気がした。

町をあとにして郊外に出ると、いくつかの柿の農園を目にした。聞けば、この福光は富山干柿の産地として知られており、福光地域原産の三社柿《さんじゃがき》を使った干し柿で有名とのこと。加賀三代藩主・前田利常《としつね》公が福光に鷹狩りに来た際、一人の老人が自家製の干柿を献上したところ、その味を激賞。以来、前田家が干柿づくりを奨励したことが、今の富山干柿になったといわれている。

商家が点在する新町通り（あさがお通り）

明治28年創業の石黒種麹店

福光にある棟方志功の旧居と記念館「愛染苑」

福光地域原産の柿は三社柿と呼ばれる

郊外にある柿の農園

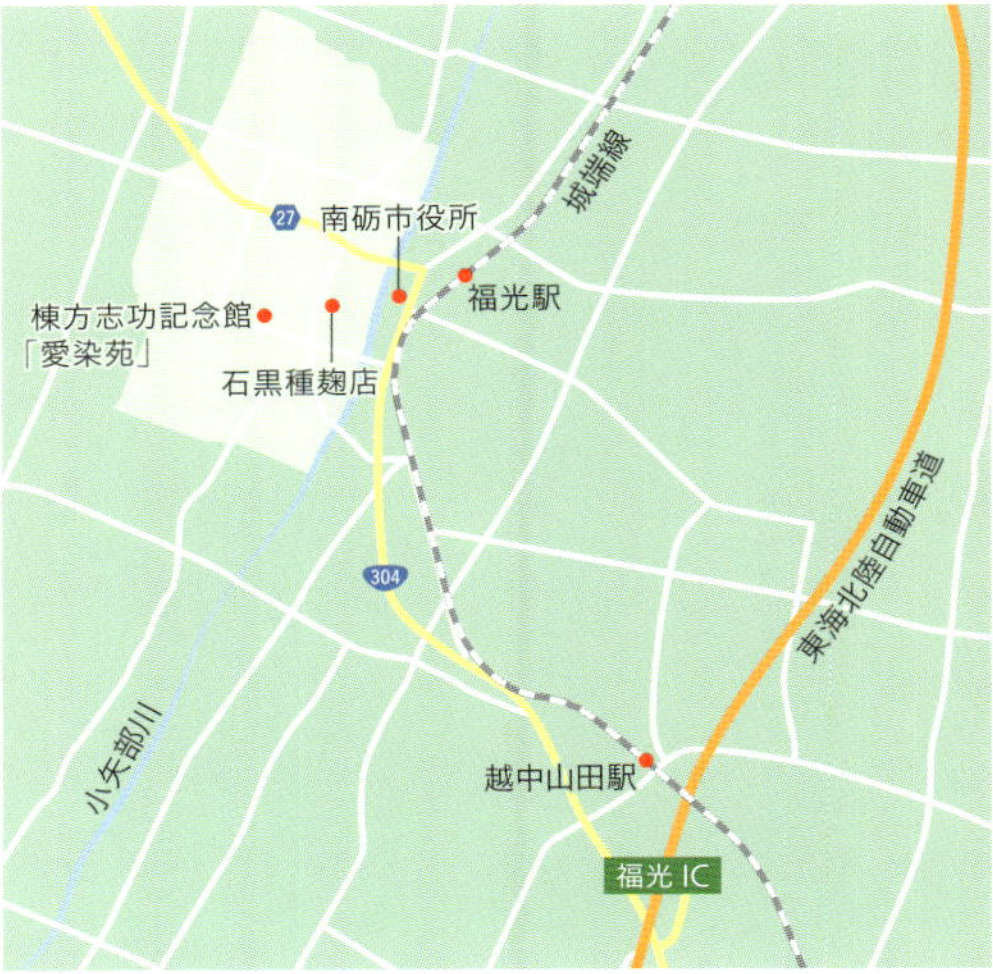

棟方志功記念館「愛染苑」
場所：南砺市福光1026-4
電話：0763-52-5815
営業時間：9:00～17:00（入館は16:30まで）
定休：火曜日、年末年始、展示替期
料金：一般310円、高大生210円、小中学生無料

★福光への行き方
東海北陸自動車道福光ICより車で約5分
JR城端線福光駅から徒歩で約20分

重要伝統的建造物群保存地区

高岡市山《やま》町《ちょう》筋《すじ》（商家町）

平成12年12月4日選定

山町筋は高岡藩が旧北陸街道沿いに商人町を造ったことがはじまりで、江戸時代から明治期まで物資集散の拠点として発展し、高岡の経済を牽引してきた。明治三十三年に大火があり、その復興の折に防火対策として土蔵造りの主屋が建てられ、今も残る町並みの景観が作り出された。主屋は切妻平入の二階建てを基本とし、煉瓦造りの防火壁を持つものもある。建物の様々な部分に洋風意匠が取り入れられるなど、当時の大商人の美意識の高さがうかがえる。旧室崎家住宅は資料館となっており、この地域特有の町家の造りを見学できる。

重要伝統的建造物群保存地区

高岡市金屋《かなや》町《まち》（鋳物師町）

平成24年12月28日選定

金屋町は高岡鋳物発祥の町である。その歴史は前田氏が高岡の町を開く際、砺波郡金屋から鋳物師を招き土地を与え、鋳物業を行わせたことにはじまる。鋳物師の町として初めて重伝建に選定された。一階正面に格子戸が備えられた建物が建ち並び、千本格子の町並みとも称される。さらに、通りに面して主屋があり、中庭をはさんで土蔵と作業場が続くという共通の特徴がある。鋳物の製作体験ができる工房やアクセサリーの販売を行う店もあり、伝統工芸に触れる機会を提供している。

重要伝統的建造物群保存地区

高岡市吉《よし》久《ひさ》（在郷町）

令和2年12月23日選定

江戸時代、加賀藩の年貢米を収納管理する「御蔵」という役割を担った吉久地区は、江戸後期には加賀藩最大の御蔵にまで発展した。明治期になると当然御蔵は廃止されたが、その業務によって得た経験を生かし、町民は米穀の売買や倉庫業へと進出し、街の成長に寄与した。江戸後期から明治期に建てられた町家は玄関奥に吹き抜けの部屋があり、二階正面に収納空間を備え、壁面には窓がないなどの特徴をもつ。それらの建物が地割りと共によく残されており、良好な状態で保存されていて藩政期の面影を今に伝えている。

重要伝統的建造物群保存地区

南砺市相倉《あいのくら》（山村集落）

平成6年12月21日選定

南砺市相倉地区は急峻な山岳に囲まれた豪雪地帯に位置し、五箇山と呼ばれる合掌造りの家屋が多く存在した集落のひとつである。同じく重伝建に指定されている菅沼地区、岐阜県の白川郷とともに、世界遺産「白川郷・五箇山の合掌造り集落」を構成している。茅葺、切妻屋根の合掌造り二十三棟が残されており、今もなお人々が生活を営んでいる。合掌造りの家屋を利用した資料館、お土産店、飲食店、民宿もあり、観光をしながら江戸時代にタイプスリップしたかのような散策を楽しむことができる。

重要伝統的建造物群保存地区

南砺市菅《すが》沼《ぬま》（山村集落）

平成6年12月21日選定

南砺市菅沼地区は急峻な山岳に囲まれた豪雪地帯に位置し、五箇山と呼ばれる合掌造りの家屋が多く存在した集落のひとつである。同じく重伝建に指定されている相倉地区、岐阜県の白川郷とともに、世界遺産「白川郷・五箇山の合掌造り集落」を構成している。江戸時代から明治、大正時代に造られた合掌造り九棟をはじめ、土蔵や水車、宗教施設などの建築物が残り、周辺の自然環境や耕作地とともに、独特の景観を形成している。集落内には五箇山民俗館があり、五箇山の歴史や文化を学ぶことができる。

ふるさと再発見の旅　東海北陸

2024年10月16日 第1刷発行

撮影　清永安雄
原稿　志摩千歳（静岡・愛知・福井）
　　　佐々木勇志（岐阜・石川・富山）
編集　及川健智
地図作成　山本祥子
デザイン　松田行正・杉本聖士（マツダオフィス）

発行　株式会社産業編集センター
〒112-0011
東京都文京区千石四丁目39番17号
TEL 03-5395-6133　FAX 03-5395-5320
https://www.shc.co.jp/book/

印刷・製本　株式会社シナノパブリッシングプレス

ISBN978-4-86311-419-7 C0026
Printed in Japan

ふるさと
再発見の旅

刊行予定のご案内

今後、
シリーズの新刊が刊行される際に、
ご案内をお送りさせていただきます。

ご希望の方は、本書に挟み込まれている「読者ハガキ」にお名前、ご住所など必要事項をご記入いただき、ハガキの「本書へのご意見・ご感想をお聞かせください」の欄に「ふるさと再発見の旅　案内希望」とお書きの上、お送り下さい。

シリーズ　刊行予定

2025年4月「北海道」（タイトル、内容は変更する場合がございます）

シリーズ　好評既刊本

「近畿1」「近畿2」「甲信越」「中国地方」「関東」「東北」「九州1」「九州2」「四国」